大家小书

儒学述要

罗庸 著　杜志勇 辑校

北京出版集团公司
北京出版社

图书在版编目（CIP）数据

儒学述要 / 罗庸著；杜志勇辑校. — 北京：北京出版社，2018.6（2024.7重印）
（大家小书）
ISBN 978-7-200-13249-6

Ⅰ. ①儒… Ⅱ. ①罗… ②杜… Ⅲ. ①儒学—研究 Ⅳ. ①B222.05

中国版本图书馆 CIP 数据核字（2017）第 218000 号

总　策　划：安　东　高立志　　责任编辑：王忠波　孔伊南

·大家小书·

儒学述要

RUXUE SHUYAO

罗　庸　著
杜志勇　辑校

*

北 京 出 版 集 团 公 司
北　京　出　版　社　　出版
（北京北三环中路6号　邮政编码：100120）
网　　　址：www.bph.com.cn
北 京 出 版 集 团 公 司 总 发 行
新　华　书　店　经　销
北 京 华 联 印 刷 有 限 公 司 印 刷

*

880 毫米×1230 毫米　32 开本　5.875 印张　94 千字
2018 年 6 月第 1 版　2024 年 7 月第 3 次印刷
ISBN 978-7-200-13249-6
定价：42.00 元
如有印装质量问题，由本社负责调换
质量监督电话：010-58572393

总　序

袁行霈

"大家小书",是一个很俏皮的名称。此所谓"大家",包括两方面的含义:一、书的作者是大家;二、书是写给大家看的,是大家的读物。所谓"小书"者,只是就其篇幅而言,篇幅显得小一些罢了。若论学术性则不但不轻,有些倒是相当重。其实,篇幅大小也是相对的,一部书十万字,在今天的印刷条件下,似乎算小书,若在老子、孔子的时代,又何尝就小呢?

编辑这套丛书,有一个用意就是节省读者的时间,让读者在较短的时间内获得较多的知识。在信息爆炸的时代,人们要学的东西太多了。补习,遂成为经常的需要。如果不善于补习,东抓一把,西抓一把,今天补这,明天补那,效果未必很好。如果把读书当成吃补药,还会失去读书时应有的那份从容和快乐。这套丛书每本的篇幅都小,读者即使细细地阅读慢慢地体味，也花不了多少时间，可以充分享受读书的乐趣。如果把它们当成补药来吃也行，剂量小，吃起来方便，消化起来也容易。

我们还有一个用意，就是想做一点文化积累的工作。把那些经过时间考验的、读者认同的著作，搜集到一起印刷出版，使之不至于泯没。有些书曾经畅销一时，但现在已经不容易得到；有些书当时或许没有引起很多人注意，但时间证明它们价值不菲。这两类书都需要挖掘出来，让它们重现光芒。科技类的图书偏重实用，一过时就不会有太多读者了，除了研究科技史的人还要用到之外。人文科学则不然，有许多书是常读常新的。然而，这套丛书也不都是旧书的重版，我们也想请一些著名的学者新写一些学术性和普及性兼备的小书，以满足读者日益增长的需求。

"大家小书"的开本不大，读者可以揣进衣兜里，随时随地掏出来读上几页。在路边等人的时候，在排队买戏票的时候，在车上、在公园里，都可以读。这样的读者多了，会为社会增添一些文化的色彩和学习的气氛，岂不是一件好事吗？

"大家小书"出版在即，出版社同志命我撰序说明原委。既然这套丛书标示书之小，序言当然也应以短小为宜。该说的都说了，就此搁笔吧。

儒学要在力行亲证

杜志勇

"先生的人品和学识可并肩顾炎武和黄宗羲。"[①]"众所周知,先生的道德文章属于儒家正宗,其中还融有释老之学;如果生在唐世,近乎所谓'三教论衡'。"[②]这两段评述,分别出自齐燕铭和吴晓铃,作为罗庸先生的弟子,他们中肯的评价,为我们烘托出儒者罗庸的形象。

目前能了解到的罗庸先生的学术活动,多是在儒学背景下展开的。先生从《论语》出发,观摄儒学。从初读《论语》到讲授《论语》,从在中山大学撰著《论语本证》到为西南联大《大一国文》[③]编选《论语》十章,可以看出先生对《论语》的研读是一以贯之的。而从中体悟出的"儒学要在力行亲

---

① 吴晓铃:《罗庸中师逝世35周年祭》,(昆明)《春城晚报》1985年3月30日。

② 同上。

③ 又名《西南联合大学国文选》。

证,决不许你徒腾口说",则成为先生要求自己和观照学问的准则,《鸭池十讲》《习坎庸言》《中国文学史导论》无不依此展开。而入编本书的《儒家的根本精神》《儒学述要》《孟子比谊》三部分,则是要集中呈现罗庸先生对儒学思考的理论与实践。

《儒家的根本精神》是罗庸先生1942年在昆明电台的一篇演讲稿,后来收入《鸭池十讲》中出版。这篇文章是先生对儒学认知的集中阐发,具有开宗明义的作用。罗庸先生指出,儒家的根本精神就是中华民族的根本精神,其核心就是"仁",而"仁"则需要"克己复礼"来实现。先生通过详细分析克己的两重境界,即能克去外诱之私的"寡欲"和无忧无惧的"无我",指出"仁"的实现全在这内省力行的功夫,而这正是问津儒学奥义的法门。

《儒学述要》是在云南省教育厅的讲演,先生直言:"中国学术的面貌,便是儒家的面貌。"在整个中国学术的背景下谈儒学,源流并举,鲜活自如。文章相对较长,分为四个小节:《周礼与鲁礼》《孔子与颜渊》《曾子、子思与孟轲》《七十子以后的儒学》。周文化是儒家的理想样板,罗先生将儒学的发展历程由此娓娓道来。此篇虽是文章,却不啻为一部言简意赅的儒学简史。

罗庸先生在中山大学执教时编撰过一部《论语本证》，收入本书十分合适。

> 在民国十四五年的时候，……便把《论语》中有关论学、论礼的话类抄起来，拿来解释"吾十有五而志于学"一章，自谓训诂颇有义据。其实对这一章全未了解，结果害得梁漱溟先生从北平西郊大有庄跑进城来，亲自登门下问，以为我真懂一章，直闹得我手足无措。现在既要教这书，便把这一套老家当搬出来，编了一种讲义叫《论语本证》，意在以本书证本书，不至于跑野马。①

但此书当时作为讲义，印量稀少，时至今日，尚未见其存世者。值得庆幸的是，先生曾在西南联大中文系和中法大学文史系讲《孟子》，"始略依《近思录》体例取原书依类重编之，为《比谊》七卷就，油印发布之"。《孟子比谊》与《论语本证》内省（以本书证本书）的编纂思想是一脉相承的，并且此书作为讲义，从油印本到石印本，印制数量相对较多，偶有传至于今者，使我们得以窥见，罗庸先生以内省方式重

---

① 罗庸：《我与〈论语〉》，收入《鸭池十讲》（增订本），北京出版社2016年版。

新编排儒家经典的实践成果。我们依据1943年石印本整理的这部《孟子比谊》，分为七卷，各卷皆有罗先生所拟题目，分别为：孟学大旨、大人之学、人伦、仁政、出处辞受、杂事、异学，各目之下皆为重新分割后的《孟子》原文材料，孟子思想体系跃然目前。这种排列方式，其突出价值当有两端：一方面，为初学者综观《孟子》而不受"徒腾口说"影响，提供了可能；另一方面，重新择取后的材料，虽然脱离原文章而成为孤立个体，但由于受共同主题统摄，其言说相似甚至相同之处不少，这为研究孟子表达方式甚至诸篇相互影响及其定型等诸多重要问题，提供了可供开拓的纵深空间。

搜罗整理罗庸先生的著述，已经有《罗庸西南联大授课录》（魏晋南北朝隋唐宋文学）、《中国文学史导论》、《习坎庸言校正》、《鸭池十讲》（增订本），算上这本即将编成的小册子，加起来五本了。这三四年时间里，罗庸先生的文章，笔者读之又读，愈读愈觉得先生学养浩瀚博大，难以用言辞表达周全。简而言之，不得肯綮，方家多指正为盼。

目 录

001 / 儒家的根本精神

儒学述要

009 / 一、周礼与鲁礼
012 / 二、孔子与颜渊
019 / 三、曾子、子思与孟轲
026 / 四、七十子以后的儒学

孟子比谊

034 / 重印题记
036 / 卷一　孟学大旨
050 / 卷二　大人之学
078 / 卷三　人伦
091 / 卷四　仁政
132 / 卷五　出处辞受
145 / 卷六　杂事
155 / 卷七　异学

儒家的根本精神[①]

一个民族的文化,必有其根本精神,否则这个民族便无法存在和延续。中国民族,两千多年以来,虽然经过许多文化上的变迁,但大体上是以儒家的精神为主。所以,中国民族的根本精神,便是儒家的根本精神。

儒家的根本精神,只有一个字,那就是"仁"。《说文解字》说:"仁,相人偶也。从二人。"这个字在西周和春秋初年,还没人特别提出来当作为学做人的标目。到了孔子,才提出来教弟子。所以《论语》一部书里,弟子问仁的话特别多,孔子许多不同的答话,对仁的义蕴,也发挥得最透澈。仁就是孔子的全人格,两千多年以来,中国民族共同的蕲向,也便是这仁的实践。

《论语》里记孔子论仁的话,最简单扼要的莫如答颜渊的

[①] 此文原刊《国文月刊》第21期,1943年4月出版。

一句:"克己复礼为仁。"克己就是克去一己之私,复礼就是恢复天理之公。因为人性本善,人格本全,只为一己的私欲所蔽,陷于偏小而不自知,便有许多恶行出现。有志好学之士,欲求恢复此本有之仁,便须时时刻刻做克己复礼的工夫。及至己私克尽,天理流行,自己的本然,也就是人心之所同然,自己的全体大用,也就是宇宙的全体大用。则天下不期同而自同,不期合而自合,所以说:"一日克己复礼,天下归仁焉,为仁由己,而由人乎哉!"

但这为仁的工夫,只在日常的视听言动之中,并非在生活之外,别有所事。所以颜渊请问其目,孔子答他:"非礼勿视,非礼勿听,非礼勿言,非礼勿动。"因为"闲邪存诚",是克己的根本工夫;学而时习之,也便是实习此事。到了大段纯熟绵密,便可以"无终食之间违仁,造次必于是,颠沛必于是",达于君子的境界了。颜渊在孔门是最纯粹的,所以孔子称赞他:"好学,不迁怒,不贰过。""其心三月不违仁。""吾见其进,未见其止。"其实颜渊的得力处,只是让一息不懈地做收敛向里的工夫。这才真是"学问之道无他,求其放心而已矣"了。

克己的工夫,第一在寡欲,《孟子》"养心莫善于寡欲"一章,说得最亲切。因为一切的欲,都是由躯壳起念。心为物累，便会沾滞私小，计较打量，患得患失，无所不至，毁坏了自强不息的刚健之德。所以孔子批评申枨，说："枨也欲，焉得刚？"又说："刚毅木讷近仁。"盖不为物累，便能洒脱摆落，活泼新鲜，使生命成为天理之流行，与宇宙同其悠久。所以曾子说："士不可以不弘毅，任重而道远，仁以为己任，不亦重乎？死而后已，不亦远乎？"

能克去外诱之私，便能深根宁极，卓尔有立，所以木有似于仁。孔子称赞颜渊，说："吾与回言终日，不违如愚；退而省其私，亦足以发，回也不愚。"盖心不外驰，自然有此气象。孔子和左丘明都是讨厌"巧言令色足恭"的，就因为他"鲜仁"，所以仁者必讷。司马牛问仁，子曰："仁者其言也。"曰："其言也，斯谓之仁矣乎？"子曰："为之难，言之得无乎？"因为仁是由力行得来的，所谓先难而后获，所以君子"先行其言，而后从之"，到此才知一切言语，都是浮华了。

克己的最后境界是无我。《论语》说："子绝四：毋意，毋必，毋固，毋我。"意是揣量，必是武断，固是固执，都是意识所行境界中的妄念，因为私欲作主，便尔执持不舍，攀缘转深，把一个活泼无碍的生命，弄得触处成障，而其总根源都由于有我。因为我是因人而有的，人我对立，便是自己浑全之体的割裂，缩小，割裂缩小，便是不仁。所以克己不但要克去外诱之私，而且要克去意念的妄执；不但要克去意念的妄执，而且要克去人我共起的分别见。到了用力之久，而一旦豁然贯通，则大用现前，人我双泯，体用不二，天理流行，这才真是复礼，真是得仁了。

孟子教人在怵惕恻隐之发见处识仁，因为仁以感为体，他是寂然不动、感而遂通的。寂然不动便是静虚，感而遂通便是动直。内外无隔，有感斯应，如水就下，如箭在弦，所以仁者必有勇，仁者必敏。静虚之极至于无我，则死生得失不介于怀。动直之极至于自他不二，则不达于得仁不止。所以君子无求生以害仁，有杀身以成仁，是极从容自然的事。到此境界，只有内省不疚，是惟一大事，此外都无忧惧，心境自然坦荡平愉了。

无忧无惧，便是知命乐天，孔、颜乐处在此。到此境界，岂但富贵不能淫，贫贱不能移，威武不能屈；直是素位而行，无人而不自得，圣人之从容中道盖如此。然究其极，亦只是做到了尽心率性，并非于人生本分外有所增加，极高明亦不过道中庸而已。

这便是儒家的根本精神。我民族二千年来涵濡于这精神之中，养成了一种大国民的风度。那便是寡欲知足、自强不息、爱人如己、敏事慎言的美德。我民族所以出生入死，百折不回，屹然立于不败之地，全靠了这一副哲人精神为其自信力。发扬这一种精神，便成为全人类共同的信念，是我民族的责任，应该当仁不让的。

三十一年（1942）五月十三日昆明广播电台讲。

儒学述要[*]

---

[*] 此文是罗庸先生在云南省教育厅的演讲,由戴子煌、李光溪记录,分两次发表在《云南教育》上,题名为《儒学述要》。后来,《云南师范大学学报》在1990年第5、6期上又重登此文,题为《儒家述要》(此次登载,对文字进行了处理,已不合原貌)。我们认为,此文最早发表时,文章题目及内容最终由罗先生确定,故本次整理以《云南教育》所载为底本。

大体上说，中国的学术受儒家的影响很深。中国学术的面貌，便是儒家的面貌。所以我们对儒学，自应有相当的认识。兹分为四个题目来讲：一、周礼与鲁礼；二、孔子与颜渊；三、曾子、子思与孟轲；四、七十子以后的儒学。

一、周礼与鲁礼

我们平常读《论语》，常常见到孔子对于周公是非常的赞美。他说："甚矣吾衰也！久矣吾不复梦见周公。"又说："周监于二代，郁郁乎文哉！吾从周。"为什么孔子要盛赞周朝呢？因为周的文化，实际上就是儒家的理想。中国的文化，自夏以来，一向是以农业为根据的，大禹会治水，便是一个说明。孔子说："夏礼，吾能言之，杞不足征也；殷礼，吾能言之，宋不足征也。文献不足故也。足，则吾能征之矣。"夏朝的文化，是以农业为主的。殷朝的文化，特点是工商业，所以现在一般人，还称经商的人为"商人"。不过到了商的末叶，农业也很发达。周本来不是农业民族，但到了周变为农业民族。从历史的眼光看来，一个民族，从游牧变为农业民族，这实在是文化上一大进步。中国自周起，奠定了农业社会的基础，这对以后文化的发展有莫大的贡献。大概说来，凡是农业社会，其特点有四：（1）地址固定；（2）有家庭组织；（3）有宗法制度；（4）实行封建制度。

政治方面，自君主以至诸侯，多为血统关系。社会组织的伦理，便是封建社会的基础，有人曾把西洋的封建制度，来比中国的封建制度，这是很大的错误。因为中国的社会，大体上说，是以伦理为中心的，家庭亦然。所以中国的社会，不能以法治，只可以礼治。因为这种制度，系建立在人与人的情感之上的。中国的文化与西洋的文化不同便在于此，维系中国社会的，并不是法，而是礼。周代的社会组织，是以此为根据的。根据这一点，便将一切制度，建立在宗法伦礼的"礼"上。我们知道，周代的婚礼，是非常隆重的，说中国不重视女权，从过去看，实属不然。例如男子当娶，必须到女家亲迎，并且还要替女子赶车，这些都是尊重女子的表征。现在也有人说，这是掠夺婚姻的遗迹。倘若论周朝文化的伟大，就在于能熔各代文化于一炉，给予新的意识。这是周的特点。而且礼乐相联，造成一个统整的社会制度，这实在可以代表中国文化的特点，也便是奠定以后各代文化的基础。直到周东迁以后，周朝文化的熔合性的光辉，才逐渐减退。其中只有鲁国，尚能保持周代文化的整体。周以后，鲁人保留周代文化为最多。春秋以后，人们仰周之余威，便视鲁为具体而微的"周朝"。故后人常以周公和孔子相提并论，实因孔子与周，有文化上共鸣的缘故。

周朝的文化,到了春秋战国,从重礼义一变而为重利害。这个时候,人的本性,日趋于下。孔子当日看到此种情形,甚为担忧。因为当时的社会,存在三大危机:(1)统一的政权崩溃;(2)国内社会组织的混乱;(3)文化的变化和变质。

孔子大声疾呼,希望能够力挽狂澜而谋安定,是因为过去周礼所表现的是人类正常的心理,此后即变为反常的发展。那么,人的精神上的礼法,便要从动摇而至于崩溃。这种情形在孔子时代极为显著,这便是孔子急于作《春秋》的动机,以为文化既已逆转,则人类将恢复到历史兽性的时代。为了扭转此种丑恶现象,惟有恢复周朝的礼乐。但这不过是一个理想。因之退一步主张恢复人性,认为人性可以恢复,则天下尚有可救,所以孔子晚年的思想,多从哲学上发展,尤以读《易》为主。所以孔子说:"加我数年,五十以学《易》,可以无大过矣。"孔子晚年研究哲学,启发人性,即以"仁"为中心。到了孟子,主性善,不惟把孔子的哲学发扬光大,而且除"仁"字之外,更加上"义"字,便成了"孔曰成仁,孟曰取义"的儒学,于是中国文化从"礼乐"而为"仁义"了。孔子以前,学在官守,孔子以后,学在私门。学在官守时,提倡礼乐尚有依据;学在私门时,既无以兴礼乐,则惟有讲"仁义"而已矣。这便是由周公到孔子的这一段变迁。

二、孔子与颜渊

孔子是最不容易讲的伟大人物,他在中国历史上及中国文化上的地位,是非常重要的。历代人对孔子就有各种不同的看法,反对孔子也由来很久,在《庄子》《墨子》书里,就有反对孔子的学说。一个伟大的哲人,看的人所取的角度不同,认识也就不同。比如讲孔子就可以有:(1)孔子与周公;(2)孔子与颜渊;(3)孔子与孟子;(4)老子与孔子。四种讲法,我取第(2)种。

宋人程、朱,喜欢谈"寻孔颜乐处"。孔子说:"饭疏食,饮水,曲肱而枕之,乐亦在其中矣。不义而富且贵,于我如浮云。"孔子又说:"贤哉,回也!一箪食,一瓢饮,在陋巷,人不堪其忧,回也不改其乐。贤哉,回也!"宋朝以后的人,喜欢将孔、颜连在一齐来讲,这是很可注意的。

孔子一生的志愿,是使周公的事业发扬光大,所以非常重视鲁国。他全部学问的中心问题，注重在礼。我们只要读《礼记》的《曲礼》《檀弓》，便可见礼的条目很繁琐，尤其是丧礼，墨子就是反对孔子的礼。司马迁《太史公自序》云："累世不能通其学，当年不能究其礼。"也是说礼的繁琐。孔子处在当时的环境里，政治理想不能实现，便想用一种教育方法，实现政治的理想。孔子在六十岁以前，是从事政治，注意教育，六十岁以后，整个献身在教育事业上。弟子三千，成名就有七十二贤。在弟子中，只有颜渊是孔子最得意的，其他弟子不如颜渊那样被孔子赞叹不已，所以孔、颜合看，是很能得到真相的。

我们上次讲周代文化，同农业自然是非常的接近。就好似工业文化同机器是接近的。农民终日在田里，人与自然来比，自然太伟大，人太渺小了，所以人没有力量同自然争衡。中国人靠天吃饭的观念便来于此。愈觉得自然伟大，愈觉得个人渺小，这样就产生宗教，宗教观念再演变，就成为后来的哲学。老子的思想也是这样产生的。照道家的思想来看，自己既然渺小，就该一事不做，任天而行，这样自然就是我，我就是自然，自然与我合而为一。儒家则不然，是扩大自己的人格以求同天。而《易经》所讲的"天行健，君子以自强不息"，这种自强不息的精神，便是孔、颜的共同点。

庄子对孔子批评得最厉害，他也是反对孔子最激烈的人物，另一面却赞美颜渊，庄子在《人间世》讲颜渊的心斋那一段文字，非常重要。在这里，孔、颜同天的精神，又是道家所承认的。

先讲孔子。要认识孔子，应该由历史着手。那时，国际变迁非常激烈，孔子便生在这恶劣的社会环境里。他不是鲁国人，他的父亲叔梁纥，母亲颜氏。以我的推算，他是从宋国迁到鲁国，不过已有七十多年。只要读《礼记》的《檀弓》就知道孔子对宋国的感情比鲁国还深。孔子一直到死也没有忘却他是殷人之后，却微服而过故乡，因为他的观念同当时人不同。孔子着眼在整个人类的文化，他最高的理想是"仁"，在《论语》里，孔子对"仁"发挥的意义最多。孔子自述："吾少也贱，故多能鄙事。"孔子早年的生活是很苦的。他四十岁开始收弟子，曾和鲁昭公到齐国避难；五十岁时，定公任命孔子为中都宰，后做到司空，再升为大司寇，有夹谷之会摄相事。孔子在政治上、外交上成绩是卓越的。又派子路为季孙氏家臣，隳三都，藉此削弱三家的力量。鲁定公对孔子言听计从，其后齐人归女乐，孔子便周游列国。在卫国住得最久，因为卫国保存着周文化，在礼乐方面的收获很大。陈国是很小的国家，但接近楚文化，孔子到陈后，又想到晋国而未成。他的旅行可以说是文化的考察。由五十岁一直到六十岁都是在外边游历，回国以后，七十三岁卒于家。《论语》这部书，是孔子的弟子或再传弟子记载孔子最主要的著述，是儒家最重要的经典。欲明孔子各方面的成就，非细心研究《论语》不可。

在《论语》里，有一段孔子的自述："吾十有五而志于学，三十而立，四十而不惑，五十而知天命，六十而耳顺，七十而从心所欲，不逾矩。"这一段话道理精深博大，不容易讲，他给我们清清楚楚的启示：做学问的功夫，要自己向内，才能有所成就，不应向外驰求。在孔门弟子中，能拳拳服膺于"仁"的只有一个颜渊。他只管自己教育自己，充实自己。孔子赞扬他道："回也，其心三月不违仁，其余则日月至焉而已矣。"另一个弟子子张，他的精神是向外发展的。曾子这样批评他："堂堂乎张也，难与并仁矣。"孔门的教育是自己照顾自己，自己完成自己。孔子说："吾十有五而志于学。"学什么呢？即是立于礼。孔子说："不知命，无以为君子也；不知礼，无以立也；不知言，无以知人也。""四十而不惑"，于事物之所当然，皆无所疑。即是判别事物的力量，已经通透于事理，无所疑惑。"五十而知天命"，此天命即《中庸》所谓"天命之谓性"，知天命即宋儒所谓"见性"。"六十而耳顺"，朱注谓："声入心通，无所违逆，知之至，不思而得也。"这种境界是很不容易达到的。"七十而从心所欲,不逾矩",矩亦礼也。这种境界很高,很不容易达到。圣人达到了这种境界,人的生活同自然合而为一,到了这种境界,时间与空间都没有了。圣人的生命,虽然不能永远存世,而天地一日不绝灭,圣人之道就永存于世。孔子说:"朝闻道,夕死可矣。"如果你一天得道,就是你一天没有死。同宇宙一样的不会消灭,这种最高境界,不是渺小、自私的人所能达到的。可见圣学之不容易学,就在于此。怎样才能达到"仁"的境界?只有好学。孔子说:"十室之邑,必有忠信如丘者焉,不如丘之好学也。"又说:"三人行必有我师焉,择其善者而从之,其不善者而改之。"再说:"发愤忘食,乐以忘忧,不知老之将至。"这是孔子终日不息的好学精神。宋儒训学为效,王阳明则训为觉,程朱、陆王的异同就在于此。朱子一生的学问,就是在格物穷理,即"人心之灵,莫不有知,天下之物莫不有理"。孔子好学,没有一分钟一秒钟的放掉,这便是自强不息。不息的意义是自然宇宙本来具有,生命流行本来没有一分钟一秒钟停息的。譬如电灯片刻性熄灭,我们就感觉不方便。人的身体也是片刻不停息,人应该这样教育自己,假如以为力量不够就不努力向学,这便是生命的哀息。为学如逆水行舟,不进则退。克服自己的懒惰,发愤自强自立,这样就是君子自强不息的功夫。孔子不许人有一秒钟的偷懒，在孔子眼中不允许有丝毫的夹带，在光天化日之下，一切都要透明透亮，没有一分隐藏。在孔子弟子中，也只有颜渊深知孔子的伟大，师生彼此心心相印，最为默契。有一天颜渊感慨地叹了一声："仰之弥高，钻之弥坚；瞻之在前，忽焉在后。夫子循循然，善诱人，博我以文，约我以礼。欲罢不能，既竭吾才，如有所立卓尔。虽欲从之，末由也已。"这是颜渊赞扬孔子的话，很不好懂。按照文意的次序，应该分为三段来讲：

第一段："夫子循循然，善诱人，博我以文，约我以礼。"

第二段："仰之弥高，钻之弥坚；瞻之在前，忽焉在后。"

第三段："欲罢不能，既竭吾才，如有所立卓尔。虽欲从之，末由也已。"

孔子深知每个弟子的程度，因材施教，慢慢地引导上路。弟子在未做学问之先，心量并不开阔，故先教以博之。这里的"文"是指"六艺"，教人最先尽量去博学，在博学方面已做过功夫，再继续做约功夫。就是把所学的消化，变成自己的能力，应用在日常生活上。孔子全部学问，只有颜渊懂得最透彻，也只有颜渊身体力行，颜渊会用功，愈用功而愈知道孔子的哲理是圆的，上下四方都照顾得到。他的学问是绝对的，也就是博大精深，丝毫不能苟且。颜渊日夜不息地用功，也没有达到孔子的境界，可是他的学问真有所得。真正会用功的人，才能体会到颜渊说的道理。他这一段话是立体的，而不是平面的，立体的观念是向上的。孔子是这样赞叹他的："语之而不惰者，其回也与！"孔子对颜渊说："惜乎吾见其进也，未见其止也。"孔子真正认识颜渊，也只有颜渊真正认识孔子，宋儒程朱理学家喜谈"寻孔颜之乐"，就在这种师弟契合的地方。

一个富人，他没有人生乐趣，住的高楼大厦，吃的山珍海味，坐的豪华汽车，仍终日怅怅不乐，因为他的乐是向外的。真正懂得乐的人，要深刻了解生命是不息的。不息是靠好学入手。颜渊问"仁"，孔子回答他："克己复礼为仁。一日克己复礼，天下归仁焉。"你要每天改过自新，随时随地把自己改变成尽善尽美的完人。由这里看颜渊的学问进步真是飞跃的。一个人修养到这种境界，是永远不会衰老的。可以这样说，孔子活到七十三岁，他还是一个赤子。孟子说："大人者，不失其赤子之心者也。"孔子和颜渊正是如此。

三、曾子、子思与孟轲

中国近八百多年以来,民间思想受四书的影响很大。四书里的《大学》《中庸》,本是《礼记》里的两篇,宋儒认为《大学》是曾子作的,《中庸》是子思作的,现在我就根据《大学》《中庸》来讲曾子与子思。可以这样说:曾子是孔门最笃实的学生;颜子是孔门最聪明而又最笃实的学生。假如孔子有两个学生,一个聪明而不笃实,一个笃实而不聪明,孔子宁取笃实而不聪明的学生。在孔门弟子中,曾子的天资最愚鲁。孔子说:"参也鲁。"而曾子成就最大,得夫子一贯之道。有一天孔子对曾子说:"参乎,吾道一以贯之。"曾子曰:"唯。"子出,门人问曰:"何谓也?"曾子曰:"夫子之道,忠恕而已矣。"曾子的学问是身体力行出来的,同时也是亲身体验出来的。曾子的天资并不高明,而传夫子之道的就是他。《汉书·艺文志》著录《曾子》十八篇,在《大戴礼记》有《曾子本孝》等十篇，疑即《汉书·艺文志》所录。还有一部《孝经》也是曾子作的，或者是曾子的弟子记的。可见大、小戴《礼记》当中，包括曾子的书很多。《大学》这篇是在《小戴礼记》里，其价值在其他各篇之上。朱子以为经一章是孔子之言，传十章是曾子所述，以经合传，大体相符，只少了"格物致知"一段，于是加上格物补传，就是现在"四书"分的本子。宋以后很多人，认为《大学》没有脱文错简，就有《大学》古本之说，阳明就是主张《大学》古本的。因为本子之不同，就影响到程朱、陆王学派之不同。朱子和阳明的学问是绝对相反的，我们念《大学》首先应该注意这一点。《大学》是教人如何用功，因解说不同，效果也就不同。《大学》有三纲八目：三纲即明德、新民、止于至善。八目即格物、致知、诚意、正心、修身、齐家、治国、平天下。简称为格、致、诚、正、修、齐、治、平。这一套工夫，由修身到齐家、治国、平天下的道理是容易懂的。由修身以上必须说明，《大学》说："欲修其身者，先正其心。"原来"正"字和"止"字同义，正字下面的止是像人的足，上面一横，表所止之处。古人学射，必须在地上画表，人的足便停止在那里，这是正字的本义。在古音上来说，正与"定"同音，正心就是定心，也就是安住其心。要一切行为都对，必须在定心上才能分别出来。怎样才能正心呢？我们要把心意弄得绝对诚实，自己不欺骗自己，一切念头都放在诚上，如饥之于食，渴之于饮，如此才不会妄想。但如何能诚实呢？那就必先格物致知才行。

格物致知，按照朱子的讲法，就是即物穷理，遇一物即穷一物之理，用力之久，一旦豁然贯通，便物理大明，那就是致知。用现在的话来说，物就是事物，格就是研究，就是透彻的研究，把每件事物的道理都要格到家，今天格一物，明天格一物，久之物物都能格，便是致知。朱子用功的方法，很接近于现代科学家治学的精神。象山则认为今天格一物，明天格一物，天下之物那样多，永远也没有办法格完。阳明也做过朱子格物的功夫，今天格一物，明天格一物。他格竹子之理，格了七天，格不出所以然，人也弄病了。他对朱子的格物说法，也就不相信了。照阳明讲格物，格者拒也，这物是不对之物，格物就是格其不正，以归于正，总的说来，就是把一切不正的都把它格出去。良知不为物蔽，这就是致知了。这种讲法很近于颜渊的寡过、孟子的集义，但《大学》的本意是否如此，很成问题。朱子说格物穷理，不要以为物是格不完的。人之用功，只要一路通了，则路路都通，照推理的方法知道了甲，就可以知道乙，所以颜渊闻一知十，就是这个道理。如果天下之物，样样都用功夫去研究，以有限之生命，追求无穷的学问，真是用功到死，也弄不清楚多少。我们对朱子的格物，千万不要产生这样的误解。

现在提出《大学》三纲："大学之道，在明明德，在亲民（程子曰：'亲'当作'新'），在止于至善。"明德是什么？人类和其它动物之不同，就是人类有明白道理的性格，其它动物没有。人类就应该把其生命特别明白道理的那一部分，尽量让他发挥出来。假如他不明白这种明道的道理，可以用教育使他明白，这种叫明明德。人类与其它动物不相同的地方，中国人和外国人说法不同。外国人说：人类是高等动物，这话是不对的。在中国很早儒家就有分别：人之所以异于禽兽者几希。人类的文化与猪狗的文化不同，人类有精神文化，能创造物质文化，猪狗就没有这些，只求生存而已。人类生活的目的不仅为求生存，还有超出生存的意义。在国家危急存亡之秋，可以杀身成仁、舍生取义，人之可贵就在这里。人可以自己教育自己，同时可以教育别人，一切文化都是帮助人在做人，每一个中国人，读了古先圣贤遗言，就应该懂得这一点。这是教育第一义，这就是在明明德。明德以后，就可以新民，就要"苟日新，日日新，又日新"，天天过他的新生活，一切懒惰、苟且都可以一扫而空，努力改造，大家能过恰到好处的生活。就如孔子答鲁定公所说，"君君臣臣，父父子子"，各人都尽各人的责任，就把国家弄好了，这就是止于至善。《大学》的大意是这样，比《论语》更进一步，把孔子的学问体系化了。

《中庸》是子思作的，在《荀子·非十二子篇》和两戴《礼记》里都提到子思，宋儒很重视子思之学。《中庸》照朱子分为三十三章，可分为几个纲领条目来讲，率性修道，自明诚，自诚明，最后条目是致中和。庸之本义是"用"，《中庸》即"中用"。怎样才使人中用，必须懂得率性、修道这一套功夫。孔子不肯定地讲性善或性恶，孔子只讲"性相近，习相远"，一个四五岁以下的小孩子，将来是好是坏，我们不可得知，人类是靠教育来改造人生，不必肯定说人性是善是恶。孟、荀分别主张性善、性恶，是他们立言如此。《中庸》第一章讲："天命之谓性，率性之谓道，修道之谓教。"天命是自然所赋予人或物的性。譬如茶杯不能写字，而粉笔能写字，因为粉笔有写字的性。人不用耳朵讲话，只能用口讲话，因为口有讲话的性。一个人生下来，能尽量发挥他的本性，不要中途停顿，或偏畸，这样便是完人。这在孟子叫作尽性，在《中庸》叫作率性。孟子常说"人皆可以为尧舜"，就是任何一个人，都可以把自己做成一个完满的人。我们本来都可成圣人、贤人。不能成为这样的人，儒家认为是自己毁灭自己。所以要把率性的道理常常修明，这就是教育了。这率性的起手功夫，就是做每一件事情都不要自欺，把每一件事情都弄得确实明白，这就是明诚。不论做任何事情，都要恰到好处，这就是致中和。这些话很不容易理解。在《论语》里，孔子的弟子常问孝问仁，孔子的答复各人不同，这便是时中之用。《中庸》最高的目的，就是中用，把坏环境弄好，才是中用。"致中和，天地位焉，万物育焉。"小人就相反，小人只是自私，自私就毁灭了自己，同时也毁灭了宇宙人生。孟子的道理是根据曾子、子思的学问而来的。孟子说："人之所以异于禽兽者几希。"人类与禽兽的不同，在上面略略讲过。在战国时代，在那非人的社会里，孟子就拼命地讲人性是善的，言必称尧舜。《孟子》全书的纲领，即"仁心""仁政"。仁心是孟子自己的修养，所谓知言养气。孟子讲不动心，即《大学》里所讲的"正心"。孟子曰："我知言，我善养吾浩然之气。"孟子的养气，就是颜渊的改过功夫，也就是"不迁怒，不贰过"的功夫。今天做一件善事，明天又做一件善事，由此心安理得，理直气壮，这就是孟子的集义功夫。孟子的学问，就是要做到心安理得理直气壮的境地，这是孟子的气象，知言养气的功夫不是外来的。有一句名言说："三折肱为良医。"这话很有深意。由孔子到颜子、曾子、子思、孟子，儒家这一套学问，都是由克己入手，以恢复人类的本性，人性一复，天下自然太平，世界立刻成为一个理想的乐园。反之，人心愈乱，天下就愈乱。在这里，顺便谈到学国文的问题，学国文也要知道孟子知言养气的功夫，韩退之《答李翊书》就是受孟子知言养气功夫的影响，每一个国文教师都应该知道这套功夫：大家能够在知言养气上下功夫，不仅是对修养上有帮助，就是对作文章也有很大的帮助，下次继续讲七十子以后的儒学。

四、七十子以后的儒学

现在用很简单的演讲,将七十子以后的儒学讲到近代。荀子在《非十二子篇》反对许多儒家,此外还有韩非的《显学》篇,说孔子以后,儒分为八。在《显学》篇可以看出儒学在战国很盛行,儒家学派可分为八派:"有子张之儒、有子思之儒、有颜氏之儒、有孟氏之儒、有漆雕氏之儒、有仲良氏之儒、有孙氏之儒、有乐正氏之儒。"孔孟弟子皆包括在里面,班固著《汉书·艺文志》,著录《子思子》二十三篇,《礼记》的《中庸》《坊记》《缁衣》《表记》等篇,都出于《子思子》,从文体上来看很像《论语》。另外曾子所著十八篇,《大学》一篇,宋儒认为曾子所作,他篇已经失传。在孟子、荀卿以后,《小戴礼记》包括了许多儒学。《礼记》之所以称为记,本是《仪礼》的记,两戴《礼记》关于冠、婚、丧、祭等礼是《礼记》的本身。此外记载古代的制度,如明堂位，其它还有历史上的材料，同《论语》性质相近的，有《哀公问》等篇。关于学派的分别相当麻烦，要知道各篇的时代比较容易，就是要从文体来看，孔子时代的文体很短，《论语·季氏》首章，文字比较长，据清朝考据家的考证，认为是伪托的。像《礼记·礼运》篇那样文字很长又有体系，足见是很晚的。十三经中的《礼记》，没有好的注疏，因为《礼记》比较难读，全书的内容复杂，直到今日还未能透澈整理出来。现在从《易传》《荀子》来讲，《易经》的内容同《中庸》很相近，是讲天道。《荀子》这书不是讲天道而是讲人道，他认为人道讲得好，天道亦包括①在里面。孟子也是讲人②道的，同荀子所讲的人道不同。荀卿有两个大弟子，一个是韩非，一个是李斯。这两个人都是法家。那时是礼坏乐崩，儒家没有办法来教人，只有根据人伦来讲孔子的礼。孟子没有具体的材料讲礼，所以孔子讲仁，孟子讲义。因为礼没有了，便用义来代礼，孟子讲义，等于孔子讲礼，当时是礼坏乐崩，风俗荡然。子思作《中庸》，开始就讲："天命之谓性，率性之谓道，修道之谓教。道也者，不可须臾离也；可离非道也。"这一段完全是讲人生哲学的本体论。荀子学问的规模是保有儒

---

① 原刊误作"活"。
② 原刊误作"天"。

家原来的真面目的，他的重心是在讲周公与孔子，荀子的《礼论篇》《乐论篇》《天论篇》最为重要。子思、孟子是推崇孔子的学问，荀子是发扬周公与孔子的礼乐。荀子的天论为他最重要的理论。照荀子的意思，天对人并不苛待，而是人自己对不起自己，你只要自尊自贵，为圣人不求知命，只管人事，不管天命。《中庸》所讲非知天命不可，荀子的看法恰恰相反，他在《性恶篇》主张人性是恶的，可用教育的力量由恶改为善。因为孟子主张人性是善的，荀子就主张人性是恶的，他希望人努力克服人的恶性。在中国古代学术史里很少有人讨论性的问题，只有孔子说过："性相近，习相远。"也没有说到人性一定是善，或人性一定是恶。到了孟、荀，对性的看法，就各走极端。荀子是主张戡天主义，在《荀子·劝学篇》教人要拼命地努力，这种好学的态度，仍是发挥孔子守近的精神，不要管得太远，把目前的事弄得尽善尽美。荀子是主张法后王之说，真正好的圣人，不一定考虑夏、商、周，一定有能应付现实的才干，才是理想中的圣人。孟子则反是，开口必谈尧舜、圣君贤王，他是主张法先王。荀子法后王的精神很接近孔子的本来面目。就荀子的学问来说，他是比孟子还好，不过荀子太注意现实，因为时代的关系，到了坏的时候，有一种人就特别注意现实，如伊尹，必须要有他那种魄力，那种担当，假若你有伊尹的志向，就可以有样做，反之就不可能。荀子的学问没有注意到这一点，所以由荀子就一直变到韩非、李斯。另外一种人，感觉社会紊乱，自己就站远一点，保持自己独立的人格，效法"先王之道，以待来者"，有点像伯夷之清。因此之故，孟子的学说大倡于后世。除《荀子》以外，还有一部《易经》——这部书的《十翼》相传是孔子所作的。根据最近历史考证，不一定是孔子所作的。《易传》不管是谁作的，而与儒学有关。《易经》这部书在中国哲学上达到登峰造极的境界，明天道，知人事。"易"有三种意思：第一是不易，即是永远不变动。第二是变动之易，宇①宙不停地在那里变化，所谓"天行健，君子以自强不息"。第三是简单之意，人生的问题，看起来是很复杂，其实是很简单。《易经》本于太极，太极生两仪，两仪生四象，四象生八卦，八八即六十四卦。宇②宙的本体是不容易知道的，由表面来看，是一个相对的现象。如好恶、东西，我们可以这样说宇宙是互相对待，一切的事情都是对待变化，你认得了天道，人道的变化也就认得了。《易经》同《中庸》的道理很接近，与荀子的学问离得很远了。

自从秦焚书以后，一直到西汉的儒学，汉武帝罢黜百

---

① 原刊误作"宅"。
② 同上。

家，表彰六经，受阴阳五行思想影响很深。两汉四百多年以来，《论语》《易经》这两部书，没有人特别注意，两汉的经学，没有了不起的贡献，那时的社会，也非常平静。到了三国，天下大乱，人民的生活非常困难。佛教传入中国，在三国末年，大家都认为佛学的哲理比中国的哲理要高明得很多。乱极思静，就来潜心学佛学。中国原来没有这样的学问，只有《老子》《庄子》《论语》《易经》，简称易老庄"三玄"之学，又名魏晋玄学。都是把儒道混合而谈，这就是清谈家，一切面对的现实让它毁灭了。这种现象正是荀子所怕所反对的。一直到了隋唐之际，比较高明之士，都投到佛教禅宗里去，隋唐的《传灯录》，儒家的道理在当时不能与之相比。到了王通，他是北朝旧派儒家，是隋末唐初了不起的人物。唐朝开国最著名的人物，都是他的弟子。文中子死了以后，唐朝第二人就是韩退之，他是承继孟子的道统，他最有名的弟子是李习之，作有《复性书》。他讲义理之学比他的先生高明得多了，以《中庸》为基础，发挥他高深的学理，开后来宋明理学的先河。

到了宋朝初年，出来陈抟、邵康节、周濂溪，而儒学一变。濂溪作有《太极图说》，把《易经》道家化，但《通书》却恢复了儒家高深的面目。除了以上几位外，有程明道、程伊川、朱熹、张载，宋明理学，受禅宗的影响很大，就是把禅宗的最高境界同孔颜之学合而为一。程朱主敬，是奠定理学的基础，就是要把孔孟的精神表现出来，因为中国后来礼坏乐崩，要想做居敬的功夫是不容易的。西洋人办公就专心办公，下公后就不管公家事。中国人讲孔孟之学，而行为恰恰相反；西洋人不讲孔孟之学，人家到处合孔孟的精神。中国人受了老庄的影响很深，中国的社会是礼坏乐崩，中国人做事就是马马虎虎。两程子就是做主敬功夫，时时照顾自己的本心之明，仁就表现，同时明德也就表现。伊川主敬就是随时随地专心把自己弄好，如走路就专心在走路上，如读书就专心在书本上，如写字就专心在写字上。陆象山偏于禅学，提出主静，就是静坐，动与静相互为用。一天只有静没有动，也是不大好，或有一天只有动没有静，也是不大好。一天有时候静一下是很好的，静观喜怒哀乐之未发，人愈静，心愈灵，人愈乱，心愈不灵。

朱子是讲格物致知，即一事之两方面。实际说来，朱陆之学合起来，才是学问的真面目。元明以后把陆象山的学问看成别派，王阳明的学问就是由象山那里来的。致良知之学是阳明学问的全部，可以说受禅学的影响很深。王门的弟子，都能够带兵打仗，到了明末，理学就衰。清代的朴学发达，清朝开山大师有顾炎武、黄梨洲、王船山，就是讲新的理学，经学即理学。清代中叶以后,讲经世致用之学,真正得到经世致用的真髓,在政治军事修养上毫无毛病一洗空洞的弊病的,恐怕是曾文正公了。最近几十年,西洋学传入中国,康南海、梁任公主张变法。最近有两位大师,一位是马一浮先生,一位是熊十力先生。马先生的学问近于象山、慈湖,熊先生的学问近于阳明、船山。马先生著有《复性书院讲录》,熊先生著有《新唯识论》《读经示要》等,都是不可不读的。

孟子比谊

罗庸编次

重印题记

二十七年秋，避寇云南蒙自，为西南联合大学中国文学系诸同学说《孟子》，始略依《近思录》体例取原书依类重编之，为《比谊》七卷就，油印发布之。越四年，为中法大学文史学系诸同学重说是书于昆明，仍用《比谊》为讲义。油印既已不胜其烦费，遂谋付诸石印，兼以便校外学人之索求。余于孟学无所得，而又深以徒腾口说为惧，是编之辑，第以免听讲者翻审之劳，非敢有所进退于其间。学者手持诵读，反复参稽，仍当以原书为据，是则余之望也。

三十二年五月四日，
罗庸记于昆明大绿水河畔之习坎斋。

卷 目

卷一 孟学大旨 凡十七章
卷二 大人之学 凡一百章
卷三 人伦 凡二十三章
卷四 仁政 凡七十五章
卷五 出处辞受 凡二十二章
卷六 杂事 凡十八章
卷七 异学 凡五章

卷一　孟学大旨①

一

公孙丑问曰:"夫子加齐之卿相,得行道焉;虽由此霸王不异矣。如此,则动心否乎?"

孟子曰:"否。我四十不动心。"

曰:"若是,则夫子过孟贲远矣。"

曰:"是不难。告子先我不动心。"

曰:"不动心有道乎?"

曰:"有。北宫黝之养勇也:不肤挠,不目逃。思以一豪挫于人,若挞之于市朝。不受于褐宽博,亦不受于万乘之君。视刺万乘之君,若刺褐夫。无严诸侯。恶声至,必反之。孟施舍之所养勇也,曰:'视不胜,犹胜也。量敌而后进,虑胜而

---

① 原讲义仅在文中各卷首标以卷数,各卷标题为编者后加。

后会，是畏三军者也。舍岂能为必胜哉？能无惧而已矣。'孟施舍似曾子，北宫黝似子夏。夫二子之勇，未知其孰贤，然而孟施舍守约也。昔者曾子谓子襄曰：'子好勇乎？吾尝闻大勇于夫子矣。自反而不缩，虽褐宽博，吾不惴焉；自反而缩，虽千万人，吾往矣。'孟施舍之守气，又不如曾子之守约也。"

曰："敢问夫子之不动心，与告子之不动心，可得闻与？"

"告子曰：'不得于言，勿求于心；不得于心，勿求于气。'不得于心，勿求于气，可。不得于言，勿求于心，不可。夫志，气之帅也；气，体之充也。夫志至焉，气次焉。故曰：'持其志，无暴其气。'"

"既曰'志至焉，气次焉'，又曰'持其志，无暴其气'者，何也？"

曰："志壹则动气，气壹则动志也。今夫蹶者趋者，是气也，而反动其心。"

"敢问夫子恶乎长？"

曰："我知言，我善养吾浩然之气。"

"敢问何谓浩然之气？"

曰："难言也。其为气也，至大至刚，以直养而无害，则塞于天地之间。其为气也，配义与道，无是馁也。是集义所生者,非义袭而取之也。行有不慊于心,则馁矣。我故曰:告子未尝知义,以其外之也。必有事焉而勿正,心勿忘,勿助长也。无若宋人然:宋人有闵其苗之不长而揠之者,芒芒然归,谓其人曰:'今日病矣,予助苗长矣!'其子趋而往视之,苗则槁矣。天下之不助苗长者寡矣,以为无益而舍之者,不耘苗者也。助之长者,揠苗者也,非徒无益,而又害之。"

"何谓知言?"

曰:"诐辞知其所蔽,淫辞知其所陷,邪辞知其所离,遁辞知其所穷。生于其心,害于其政;发于其政,害于其事。圣人复起,必从吾言矣。"

"宰我、子贡,善为说辞。冉牛、闵子、颜渊,善言德行。孔子兼之,曰:'我于辞命,则不能也。'然则夫子既圣矣乎?"

曰:"恶!是何言也。昔者子贡问于孔子曰:'夫子圣矣乎?'孔子曰:'圣则吾不能,我学不厌,而教不倦也。'子贡曰:'学不厌,智也;教不倦,仁也。仁且智,夫子既圣矣。'夫圣,孔子不居。是何言也!"

"昔者窃闻之:子夏、子游、子张,皆有圣人之一体;冉牛、闵子、颜渊,则具体而微,敢问所安?"

曰:"姑舍是。"

曰:"伯夷、伊尹何如?"

曰:"不同道。非其君不事,非其民不使,治则进,乱则退,伯夷也。何事非君?何使非民?治亦进,乱亦进,伊尹也。可以仕则仕,可以止则止,可以久则久,可以速则速,孔子也。皆古圣人也。吾未能有行焉,乃所愿则学孔子也。"

"伯夷、伊尹于孔子,若是班乎?"

曰:"否。自有生民以来,未有孔子也。"

曰:"然则有同与?"

曰:"有,得百里之地而君之,皆能以朝诸侯,有天下。行一不义、杀一不辜而得天下,皆不为也。是则同。"

曰:"敢问其所以异?"

曰:"宰我、子贡、有若,智足以知圣人,污不至阿其所好。宰我曰:'以予观于夫子,贤于尧舜远矣。'子贡曰:'见其礼而知其政,闻其乐而知其德,由百世之后,等百世之王,莫之能违也。自生民以来,未有夫子也。'有若曰:'岂惟民哉?麒麟之于走兽,凤凰之于飞鸟,泰山之于丘垤,河海之于行潦,类也。圣人之于民,亦类也。出乎其类,拔乎其萃。自生民以来,未有盛于孔子也。'"(《公孙丑》)①

---

① 罗庸石印本在所引《孟子》原文段末注以篇名,下同。

孟子曰:"伯夷目不视恶色,耳不听恶声,非其君不事,非其民不使,治则进,乱则退。横政之所出,横民之所止,不忍居也,如以朝衣朝冠,坐于涂炭。当纣之时,居北海之滨,以待天下之清也。故闻伯夷之风者:顽夫廉,懦夫有立志。

"伊尹曰:'何事非君?何使非民?'治亦进,乱亦进。曰:'天之生斯民也,使先知觉后知,使先觉觉后觉,予,天民之先觉者也。予将以此道觉此民也,'思天下之民,匹夫匹妇,有不与被尧舜之泽者,若己推而内之沟中,其自任以天下之重也。

"柳下惠不羞汙君,不辞小官,进不隐贤,必以其道,遗佚而不怨,阨穷而不悯。与乡人处,由由然不忍去也。'尔为尔,我为我,虽袒裼裸裎于我侧,尔焉能浼我哉?'故闻柳下惠之风者,鄙夫宽,薄夫敦。

"孔子之去齐,接淅而行。去鲁,曰:'迟迟吾行也,去父母国之道也。'可以速而速,可以久而久,可以处而处,可以仕而仕,孔子也。"

孟子曰:"伯夷,圣之清者也。伊尹,圣之任者也。柳下惠,圣之和者也。孔子,圣之时者也。

"孔子之谓集大成。集大成也者,金声而玉振之也。金声也者,始条理也。玉振之也者,终条理也。始条理者,智之事也。终条理者,圣之事也。智,譬则巧也。圣,譬则力也。由射于百步之外也。其至,尔力也;其中,非尔力也。"(《万章》)

孟子曰:"伯夷非其君不事,非其友不友,不立于恶人之朝,不与恶人言。立于恶人之朝,与恶人言,如以朝衣朝冠坐于涂炭。推恶恶之心,思与乡人立,其冠不正,望望然去之,若将浼焉。是故诸侯虽有善其辞命而至者,不受也。不受也者,是亦不屑就已。

"柳下惠不羞汙君,不卑小官,进不隐贤,必以其道。遗佚而不怨,阨穷而不悯,故曰:'尔为尔,我为我。虽袒裼裸裎于我侧,尔焉能浼我哉?'故由由然与之偕,而不自失焉。援而止之而止。援而止之而止者,是亦不屑去已。"

孟子曰:"伯夷隘,柳下惠不恭。隘与不恭,君子不由也。"(《公孙丑》)

孟子曰:"柳下惠不以三公易其介。"(《尽心》)

孟子曰:"圣人,百世之师也。伯夷、柳下惠是也。故闻伯夷之风者,顽夫廉,懦夫有立志。闻柳下惠之风者,薄夫敦,鄙夫宽。奋乎百世之上,百世之下,闻者莫不兴起也。非圣人而能若是乎?而况于亲炙之者乎?"(《尽心》)

孟子曰:"孔子之去鲁,曰:'迟迟吾行也,去父母国之道也。'去齐,接淅而行,去他国之道也。"(《尽心》)

万章问曰:"人有言'伊尹以割烹要汤',有诸?"

孟子曰:"否,不然。伊尹耕于有莘之野,而乐尧舜之道焉。非其义也,非其道也,禄之以天下弗顾也,系马千驷弗视也。非其义也,非其道也,一介不以与人,一介不以取诸人。汤使人以币聘之,嚣嚣然曰:'我何以汤之聘币为哉?我岂若处畎亩之中,由是以乐尧舜之道哉?'汤三使往聘之。既而幡然改曰:'与我处畎亩之中,由是以乐尧舜之道,吾岂若使是君为尧舜之君哉?吾岂若使是民为尧舜之民哉?吾岂若于吾身亲见之哉?天之生此民也,使先知觉后知,使先觉觉后觉也。予,天民之先觉者也。予将以斯道觉斯民也。非予觉之而谁也?'思天下之民,匹夫匹妇有不被尧舜之泽者,若己推而内之沟中,其自任以天下之重如此,故就汤而说之,以伐夏救民。吾未闻枉己而正人者也,况辱己以正天下者乎?圣人之行不同也,或远或近,或去或不去,归洁其身而已矣。吾闻其以尧舜之道要汤,未闻以割烹也。《伊训》曰:'天诛造攻自牧宫,朕载自亳。'"(《万章》)

公孙丑曰:"伊尹曰:'予不狎于不顺。'放太甲于桐,民大悦。太甲贤,又反之,民大悦。贤者之为人臣也,其君不贤，则固可放与？"

孟子曰："有伊尹之志则可，无伊尹之志则篡也。"（《尽心》）

万章问曰："孔子在陈曰：'盍归乎来，吾党之士狂简，进取不忘其初。'孔子在陈，何思鲁之狂士？"

孟子曰："孔子'不得中道而与之，必也狂狷乎？狂者进取，狷者有所不为也'。孔子岂不欲中道哉？不可必得，故思其次也。"

"敢问何如斯可谓狂矣？"

曰："如琴张、曾皙、牧皮者，孔子之所谓狂矣。"

"何以谓之狂也？"

曰："其志嘐嘐然，曰：'古之人，古之人。'夷考其行，而不掩焉者也。狂者又不可得，欲得不屑不洁之士而与之，是狷也，是又其次也。"

"孔子曰：'过我门而不入我室，我不憾焉者，其惟乡原乎？乡原，德之贼也。'"

曰："何如斯可谓之乡原矣？"

曰："何以是嘐嘐也？言不顾行，行不顾言，则曰'古之人，古之人'。行何为踽踽凉凉？生斯世也，为斯世也，善斯可矣。阉然媚于世也者，是乡原也。"

万章曰:"一乡皆称原人焉,无所往而不为原人,孔子以为德之贼,何哉?"

曰:"非之无举也,刺之无刺也。同乎流俗,合乎污世,居之似忠信,行之似廉洁,众皆悦之,自以为是。而不可与入尧舜之道,故曰'德之贼也'。

"孔子曰:'恶似而非者:恶莠,恐其乱苗也。恶佞,恐其乱义也。恶利口,恐其乱信也。恶郑声,恐其乱乐也。恶紫,恐其乱朱也。恶乡原,恐其乱德也。'

"君子反经而已矣。经正则庶民兴;庶民兴,斯无邪慝矣。"(《尽心》)

二

公孙丑问曰:"夫子当路于齐,管仲、晏子之功,可复许乎?"

孟子曰:"子诚齐人也,知管仲、晏子而已矣。或问乎曾西曰:'吾子与子路孰贤?'曾西蹴然曰:'吾先子之所畏也。'曰:'然则吾子与管仲孰贤?'曾西艴然不悦曰:'尔何曾比予于管仲?管仲得君,如彼其专也;行乎国政,如彼其久也;功烈,如彼其卑也。尔何曾比予于是!'"

曰:"管仲,曾西之所不为也,而子为我愿之乎?"

曰:"管仲以其君霸,晏子以其君显。管仲、晏子,犹不足为与?"

曰:"以齐王,由反手也。"

曰:"若是,则弟子之惑滋甚!且以文王之德,百年而后崩,犹未洽于天下。武王、周公继之,然后大行。今言王若易然,则文王不足法与?"

曰:"文王何可当也,由汤至于武丁,贤圣之君六七作。天下归殷久矣,久则难变也。武丁朝诸侯、有天下,犹运之掌也。纣之去武丁未久也,其故家遗俗,流风善政,犹有存者。又有微子、微仲、王子比干、箕子、胶鬲,皆贤人也,相与辅相之。故久而后失之也。尺地莫非其有也,一民莫非其臣也,然而文王犹方百里起,是以难也。

"齐人有言曰:'虽有智慧,不如乘势。虽有镃基,不如待时。'今时则易然也。夏后、殷、周之盛,地未有过千里者也,而齐有其地矣;鸡鸣狗吠相闻,而达乎四境,而齐有其民矣。地不改辟矣,民不改聚矣,行仁政而王,莫之能御也。

"且王者之不作,未有疏于此时者也。民之憔悴于虐政,未有甚于此时者也。饥者易为食,渴者易为饮。

"孔子曰:'德之流行,速于置邮而传命。'当今之时,

万乘之国行仁政，民之悦之，犹解倒悬也。故事半古之人，功必倍之，惟此时为然。"（《公孙丑》）

三

公都子曰："外人皆称夫子好辩，敢问何也？"

孟子曰："予岂好辩哉？予不得已也。

"天下之生久矣，一治一乱。

"当尧之时，水逆行，泛滥于中国。蛇龙居之，民无所定。下者为巢，上者为营窟。书曰：'洚水警余。'洚水者，洪水也。使禹治之，禹掘地而注之海，驱蛇龙而放之菹。水由地中行，江、淮、河、汉是也。险阻既远，鸟兽之害人者消，然后人得平土而居之。

"尧舜既没，圣人之道衰。暴君代作，坏宫室以为污池，民无所安息。弃田以为园囿，使民不得衣食。邪说暴行又作，园囿、污池、沛泽多而禽兽至。及纣之身，天下又大乱。

"周公相武王诛纣，伐奄三年讨其君，驱飞廉于海隅而戮之，灭国者五十，驱虎、豹、犀、象而远之，天下大悦。《书》曰：'丕显哉，文王谟。丕承哉，武王烈。佑启我后人，咸以正无缺。'

"世衰道微,邪说暴行有作,臣弑其君者有之,子弑其父者有之。孔子惧,作《春秋》。《春秋》,天子之事也。是故孔子曰:'知我者其惟《春秋》乎?罪我者其惟《春秋》乎?'

"圣王不作,诸侯放恣,处士横议,杨朱、墨翟之言盈天下。天下之言,不归杨则归墨。杨氏为我,是无君也;墨氏兼爱,是无父也。无父无君,是禽兽也。公明仪曰:'庖有肥肉,厩有肥马,民有饥色,野有饿莩,此率兽而食人也。'杨墨之道不息,孔子之道不著,是邪说诬民,充塞仁义也。仁义充塞,则率兽食人,人将相食。

"吾为此惧,闲先圣之道,距杨墨,放淫辞,邪说者不得作。作于其心,害于其事;作于其事,害于其政。圣人复起,不易吾言矣。

"昔者禹抑洪水而天下平,周公兼夷狄、驱猛兽而百姓宁,孔子成《春秋》而乱臣贼子惧。《诗》云:'戎狄是膺,荆舒是惩,则莫我敢承。'无父无君,是周公所膺也。

"我亦欲正人心、息邪说、距诐行、放淫辞,以承三圣者,岂好辩哉?予不得已也。

"能言距杨墨者,圣人之徒也。"(《滕文公》)

孟子曰:"王者之迹熄而诗亡,诗亡然后春秋作。晋之乘,楚之梼杌,鲁之春秋,一也。其事则齐桓、晋文,其文则

史。孔子曰：'其义则丘窃取之矣。'"（《离娄》）

孟子曰："君子之泽五世而斩，小人之泽五世而斩。予未得为孔子徒也，予私淑诸人也。"（《离娄》）

孟子曰："由尧舜至于汤，五百有余岁，若禹、皋陶，则见而知之；若汤，则闻而知之。

"由汤至于文王，五百有余岁，若伊尹、莱朱则见而知之；若文王，则闻而知之。

"由文王至于孔子，五百有余岁，若太公望、散宜生，则见而知之；若孔子，则闻而知之。

"由孔子而来，至于今，百有余岁。去圣人之世，若此其未远也。近圣人之居，若此其甚也。然而无有乎尔，则亦无有乎尔。"（《尽心》）

孟子曰："禹恶旨酒，而好善言。汤执中，立贤无方。文王视民如伤，望道而未之见。武王不泄迩，不忘远。周公思兼三王，以施四事；其有不合者，仰而思之，夜以继日；幸而得之，坐以待旦。"（《离娄》）

孟子曰："舜生于诸冯，迁于负夏，卒于鸣条，东夷之人也。文王生于岐周，卒于毕郢，西夷之人也。地之相去也，千有余里；世之相后也，千有余岁。得志行乎中国，若合符节。先圣后圣，其揆一也。"（《离娄》）

孟子去齐。充虞路问曰:"夫子若有不豫色然。前日虞闻诸夫子曰:'君子不怨天,不尤人。'"

曰:"彼一时,此一时也。

"五百年必有王者兴,其间必有名世者。由周而来,七百有余岁矣。以其数则过矣,以其时考之则可矣。夫天,未欲平治天下也,如欲平治天下,当今之世,舍我其谁也?吾何为不豫哉?"(《公孙丑》)

《孟子比谊》卷一终

卷二 大人之学

一

孟子曰:"人之所以异于禽兽者几希,庶民去之,君子存之。

"舜明于庶物,察于人伦,由仁义行,非行仁义也。"(《离娄》)

孟子曰:"君子所以异于人者,以其存心也。君子以仁存心,以礼存心。

"仁者爱人,有礼者敬人,爱人者人恒爱之,敬人者人恒敬之。

"有人于此,其待我以横逆,则君子必自反也:我必不仁也,必无礼也,此物奚宜至哉?

"其自反而仁矣,自反而有礼矣,其横逆由是也,君子必自反也,我必不忠。

"自反而忠矣,其横逆由是也,君子曰:'此亦妄人也已矣。如此则与禽兽奚择哉?于禽兽又何难焉?'

"是故君子有终身之忧,无一朝之患也。乃若所忧则有之:舜人也,我亦人也。舜为法于天下,可传于后世,我由未免为乡人也,是则可忧也。忧之如何?如舜而已矣。若夫君子所患则亡矣。非仁无为也,非礼无行也。如有一朝之患,则君子不患矣。"(《离娄》)

孟子曰:"爱人不亲,反其仁。治人不治,反其智。礼人不答,反其敬。

"行有不得者,皆反求诸己,其身正而天下归之。

"《诗》云:'永言配命,自求多福。'"(《离娄》)

孟子曰:"人有恒言,皆曰:'天下国家'。天下之本在国,国之本在家,家之本在身。"(《离娄》)

孟子曰:"矢人岂不仁于函人哉?矢人惟恐不伤人,函人惟恐伤人。巫匠亦然,故术不可不慎也。

"孔子曰:'里仁为美。择不处仁,焉得智?'夫仁,天之尊爵也,人之安宅也。莫之御而不仁,是不智也。

"不仁不智、无礼无义,人役也。人役而耻为役,由弓人而耻为弓,矢人而耻为矢也。如耻之,莫如为仁。

"仁者如射，射者正己而后发。发而不中，不怨胜己者。反求诸己而已矣。"（《公孙丑》）

孟子曰："万物皆备于我矣，反身而诚，乐莫大焉。强恕而行，求仁莫近焉。"（《尽心》）

孟子曰："道在尔而求诸远，事在易而求诸难。人人亲其亲、长其长，而天下平。"

孟子曰："居下位而不获于上，民不可得而治也。获于上有道不信于友，弗获于上矣。信于友有道，事亲弗悦，弗信于友矣。悦亲有道，反身不诚，不悦于亲矣。诚身有道，不明乎善，不诚其身矣。

"是故诚者，天之道也；思诚者，人之道也。至诚而不动者，未之有也；不诚，未有能动者也。"（《离娄》）

二

王子垫问曰："士何事？"

孟子曰："尚志。"

曰："何谓尚志？"

曰："仁义而已矣。杀一无罪，非仁也。非其有而取之，非义也。居恶在？仁是也；路恶在？义是也。居仁由义，大人

之事备矣。"(《尽心》)

公都子问曰:"钧是人也,或为大人,或①为小人,何也?"

孟子曰:"从其大体为大人,从其小体为小人。"

曰:"钧是人也,或从其大体,或从其小体,何也?"

曰:"耳目之官不思而蔽于物,物交物,则引之而已矣。心之官则思,思则得之,不思则不得也。此天之所与我者,先立乎其大者,则其小者弗能夺也。此为大人而已矣。"(《告子》)

孟子曰:"人之于身也,兼所爱。兼所爱,则兼所养也。无尺寸之肤不爱焉,则无尺寸之肤不养也。所以考其善不善者,岂有他哉?于己取之而已矣。

"体有贵贱,有小大。无以小害大,无以贱害贵。养其小者为小人,养其大者为大人。

"今有场师,舍其梧槚,养其樲棘,则为贱场师焉。养其一指而失其肩背,而不知也,则为狼疾人也。

"饮食之人,则人贱之矣,为其养小以失大也。饮食之人无有失也,则口腹岂适为尺寸之肤哉?"(《告子》)

孟子曰:"有事君人者,事是君则为容悦者也。有安社稷

---

① 罗庸石印本"或"误作"何"。

臣者，以安社稷为悦者也。有天民者，达可行于天下而后行之者也。有大人者，正己而物正者也。"（《尽心》）

孟子曰："非礼之礼，非义之义，大人弗为。"（《离娄》）

孟子曰："大人者，言不必信，行不必果，惟义所在。"（《离娄》）

孟子曰："可①以取，可以无取，取伤廉。可以与，可以无与，与伤惠。可以死，可以无死，死伤勇。"（《离娄》）

孟子曰："大人者，不失其赤子之心者也。"（《离娄》）

三

孟子曰："人之所不学而能者，其良能也；所不虑而知者，其良知也。

"孩提之童，无不知爱其亲者；及其长也，无不知敬其兄也。

"亲亲，仁也；敬长，义也。无他，达之天下也。"（《尽心》）

---

① 罗庸石印本"可"误作"河"。

孟子曰："人皆有不忍人之心。

"先王有不忍人之心，斯有不忍人之政矣。以不忍人之心，行不忍人之政，治天下可运之掌上。

"所以谓人皆有不忍人之心者，今人乍见孺子将入于井，皆有怵惕恻隐之心。非所以内交于孺子之父母也，非所以要誉于乡党朋友也，非恶其声而然也。

"由是观之，无恻隐之心，非人也；无羞恶之心，非人也；无辞让之心，非人也；无是非之心，非人也。

"恻隐之心，仁之端也；羞恶之心，义之端也；辞让之心，礼之端也；是非之心，智之端也。

"人之有是四端也，犹其有四体也。有是四端而自谓不能者，自贼者也；谓其君不能者，贼其君者也。

"凡有四端于我者，知皆扩而充之矣，若火之始然，泉之始达。苟能充之，足以保四海；苟不充之，不足以事父母。"（《公孙丑》）

孟子曰："人皆有所不忍，达之于其所忍，仁也；人皆有所不为，达之于其所为，义也。

"人能充无欲害人之心，而仁不可胜用也；人能充无穿踰之心，而义不可胜用也。人能充无受尔汝之实，无所往而不为义也。士未可以言而言，是以言餂之也；可以言而不言，是以

不言恬之也，是皆穿踰之类也。"（《尽心》）

孟子曰："人有不为也，而后可以有为。"（《离娄》）

孟子曰："于不可已而已者，无所不已；于所厚者薄，无所不薄也。其进锐者，其退速。"（《尽心》）

孟子曰："君子之于物也，爱之而弗仁；于民也，仁之而弗亲。亲亲而仁民，仁民而爱物。"（《尽心》）

孟子曰："知者无不知也，当务之为急；仁者无不爱也，急亲贤之为务。尧舜之知而不遍物，急先务也；尧舜之仁不遍爱人，急亲贤也。

"不能三年之丧，而缌小功之察；放饭流歠，而问无齿决，是之谓不知务。"（《尽心》）

禹、稷当平世，三过其门而不入，孔子贤之。

颜子当乱世，居于陋巷。一箪食，一瓢饮。人不堪其忧，颜子不改其乐，孔子贤之。

孟子曰："禹、稷、颜回同道。禹思天下有溺者，由己溺之也；稷思天下有饥者，由己饥之也，是以如是其急也。

"禹、稷、颜子易地则皆然。

"今有同室之人斗者，救之，虽被发缨冠而救之，可也。乡邻有斗者，被发缨冠而往救之，则惑也，虽闭户可也。"（《离娄》）

四

孟子曰："尽其心者，知其性也；知其性，则知天矣。存其心，养其性，所以事天也。殀[①]寿不贰，修身以俟之，所以立命也。"（《尽心》）

孟子曰："莫非命也，顺受其正。是故知命者，不立乎岩墙之下。尽其道而死者，正命也。桎梏死者，非正命也。"（《尽心》）

孟子曰："口之于味也，目之于色也，耳之于声也，鼻之于臭也，四肢之于安佚也，性也，有命焉，君子不谓性也。

"仁之于父子也，义之于君臣也，礼之于宾主也，智之于贤者也，圣人之于天道也，命也，有性焉，君子不谓命也。"（《尽心》）

孟子曰："君子有三乐，而王天下不与存焉。父母俱存，兄弟无故，一乐也。仰不愧于天，俯不怍于人，二乐也。得天下英才而教育之，三乐也。君子有三乐，而王天下不与存焉。"（《尽心》）

孟子曰："广土众民，君子欲之，所乐不存焉。中天下而

---

① 罗庸石印本"殀"误作"妖"。

立，定四海之民，君子乐之，所性不存焉。君子所性，虽大行不加焉，虽穷居不损焉，分定故也。

"君子所性，仁义礼智根于心。其生色也，睟然见于面，盎于背，施于四体，四体不言而喻。"（《尽心》）

孟子曰："形色，天性也；惟圣人，然后可以践形。"（《尽心》）

孟子曰："尧舜，性者也；汤武，反之也。动容周旋中礼者，盛德之至也；哭死而哀，非为生者也；经德不回，非以干禄也；言语必信，非以正行也。君子行法，以俟命而已矣。"（《尽心》）

孟子曰："求则得之，舍则失之，是求有益于得也，求在我者也。求之有道，得之有命，是求无益于得也，求在外者也。"（《尽心》）

孟子曰："言近而指远者，善言也；守约而施博者，善道也。君子之言也，不下带而道存焉。君子之守，修其身而天下平。

"人病舍其田而芸人之田，所求于人者重，而所以自任者轻。"（《尽心》）

孟子曰："君子深造之以道，欲其自得之也。自得之，则居之安；居之安，则资之深；资之深，则取之左右逢其原，故

君子欲其自得之也。"(《离娄》)

孟子曰:"博学而详说之,将以反说约也。"(《离娄》)

五

告子曰:"性,犹杞柳也;义,犹杯棬也。以人性为仁义,犹以杞柳为杯棬。"

孟子曰:"子能顺杞柳之性而以为杯棬乎?将戕贼杞柳而后以为杯棬也?如将戕贼杞柳而以为杯棬,则亦将戕贼人以为仁义与?率天下之人而祸仁义者,必子之言夫!"(《告子》)

告子曰:"性犹湍水也,决诸东方则东流,决诸西方则西流。人性之无分于善不善也,犹水之无分于东西也。"

孟子曰:"水信无分于东西。无分于上下乎?人性之善也,犹水之就下也。人无有不善,水无有不下。

"今夫水,搏而跃之,可使过颡;激而行之,可使在山。是岂水之性哉?其势则然也。人之可使为不善,其性亦犹是也。"(《告子》)

告子曰:"生之谓性。"

孟子曰:"生之谓性也,犹白之谓白与?"

曰:"然。"

"白羽之白也,犹白雪之白;白雪之白,犹白玉之白与?"

曰:"然。"

"然则犬之性,犹牛之性;牛之性,犹人之性与?"(《告子》)

告子曰:"食色,性也。仁,内也,非外也;义,外也,非内也。"

孟子曰:"何以谓仁内义外也?"

曰:"彼长而我长之,非有长于我也;犹彼白而我白之,从其白于外也,故谓之外也。"

曰:"异于白马之白也,无以异于白人之白;不识长马之长也,无以异于长人之长与?且谓长者义乎?长之者义乎?"

曰:"吾弟则爱之,秦人之弟则不爱也,是以我为悦者也,故谓之内。长楚人之长,亦长吾之长,是以长为悦者也,故谓之外也。"

曰:"耆秦人之炙,无以异于耆吾炙。夫物则亦有然者也,然则耆炙亦有外与?"(《告子》)

孟季子问公都子曰:"何以谓义内也?"

曰:"行吾敬,故谓之内也。"

"乡人长于伯兄一岁,则谁敬?"

曰:"敬兄。"

"酌则谁先?"

曰:"先酌乡人。"

"所敬在此,所长在彼,果在外,非由内也。"

公都子不能答,以告孟子。

孟子曰:"敬叔父乎?敬弟乎?彼将曰:'敬叔父。'曰:'弟为尸,则谁敬?'彼将曰:'敬弟。'子曰:'恶在其敬叔父也?'彼将曰:'在位故也。'子亦曰:'在位故也。庸敬在兄,斯须之敬在乡人。'"

季子闻之曰:"敬叔父则敬,敬弟则敬,果在外,非由内也。"

公都子曰:"冬日则饮汤,夏日则饮水,然则饮食亦在外也?"(《告子》)

孟子曰:"天下之言性也,则故而已矣,故者以利为本。

"所恶于智者,为其凿也。如智者若禹之行水也,则无恶于智矣。禹之行水也,行其所无事也。如智者亦行其所无事,则智亦大矣。

"天之高也，星辰之远也，苟求其故，千岁之日至，可坐而致也。"（《离娄》）

孟子曰："行之而不著焉，习矣而不察焉，终身由之而不知其道者，众也。"（《尽心》）

六

公都子曰："告子曰：'性无善无不善也。'

"或曰：'性可以为善，可以为不善；是故文武兴，则民好善；幽厉兴，则民好暴。'

"或曰：'有性善，有性不善；是故以尧为君而有象，以瞽瞍为父而有舜；以纣为兄之子且以为君，而有微子启、王子比干。'

"今曰'性善'，然则彼皆非与？"

孟子曰："乃若其情，则可以为善矣，乃所谓善也。若夫为不善，非才之罪也。

"恻隐之心，人皆有之；羞恶之心，人皆有之；恭敬之心，人皆有之；是非之心，人皆有之。

"恻隐之心，仁也；羞恶之心，义也；恭敬之心，礼也；是非之心，智也。仁义礼智，非由外铄我也，我固有之也，弗思耳矣。故曰：'求则得之，舍则失之。'或相倍蓰而无算者，不能尽其才者也。

"《诗》曰：'天生蒸民，有物有则。民之秉彝，好是懿德。'孔子曰：'为此诗者，其知道乎！故有物必有则，民之秉彝也，故好是懿德。'"（《告子》）

孟子曰："富岁，子弟多赖；凶岁，子弟多暴，非天之降才尔殊也，其所以陷溺其心者然也。

"今夫麰麦，播种而耰之，其地同，树之时又同，浡然而生，至于日至之时，皆熟矣。虽有不同，则地有肥硗，雨露之养，人事之不齐也。

"故凡同类者，举相似也，何独至于人而疑之？圣人与我同类者。

"故龙子曰：'不知足而为屦，我知其不为蒉也。'屦之相似，天下之足同也。

"口之于味，有同耆也。易牙先得我口之所耆者也。如使口之于味也，其性与人殊，若犬马之与我不同类也，则天下何耆皆从易牙之于味也？至于味，天下期于易牙，是天下之口相似也。

"惟耳亦然。至于声，天下期于师旷，是天下之耳相似也。

"惟目亦然。至于子都，天下莫不知其姣也。不知子都之姣者，无目者也。

"故曰：口之于味也，有同耆焉；耳之于声也，有同听焉；目之于色也，有同美焉。至于心，独无所同然乎？心之所同然者何也？谓理也，义也。圣人先得我心之所同然耳。故理义之悦我心，犹刍豢之悦我口。"（《告子》）

孟子曰："牛山之木尝美矣，以其郊于大国也，斧斤伐之，可以为美乎？是其日夜之所息，雨露之所润，非无萌蘖之生焉，牛羊又从而牧之，是以若彼濯濯也。人见其濯濯也，以为未尝有材焉，此岂山之性也哉？

"虽存乎人者，岂无仁义之心哉？其所以放其良心者，亦犹斧斤之于木也，旦旦而伐之，可以为美乎？其日夜之所息，平旦之气，其好恶与人相近也者几希，则其旦昼之所为，有梏亡之矣。梏之反复，则其夜气不足以存；夜气不足以存，则其违禽兽不远矣。人见其禽兽也，而以为未尝有才焉者，是岂人之情也哉？

"故苟得其养，无物不长；苟失其养，无物不消。

"孔子曰：'操则存，舍则亡；出入无时，莫知其乡。'惟心之谓与？"（《告子》）

孟子曰："鱼，我所欲也；熊掌，亦我所欲也，二者不可得兼，舍鱼而取熊掌者也。

"生，亦我所欲也；义，亦我所欲也，二者不可得兼，舍生而取义者也。

"生亦我所欲，所欲有甚于生者，故不为苟得也；死亦我所恶，所恶有甚于死者，故患有所不辟也。

"如使人之所欲莫甚于生，则凡可以得生者，何不用也？使人之所恶莫甚于死者，则凡可以辟患者，何不为也？

"由是则生而有不用也，由是则可以辟患而有不为也。

"是故所欲有甚于生者，所恶有甚于死者，非独贤者有是心也，人皆有之，贤者能勿丧耳。

"一箪食，一豆羹，得之则生，弗得则死。呼尔而与之，行道之人弗受；蹴尔而与之，乞人不屑也。

"万钟则不辨礼义而受之。万钟于我何加焉？为宫室之美、妻妾之奉、所识穷乏者得我与？

"乡为身死而不受，今为宫室之美为之；乡为身死而不受，今为妻妾之奉为之；乡为身死而不受，今为所识穷乏者得我而为之，是亦不可以已乎？此之谓失其本心。"（《告子》）

孟子曰："仁，人心也；义，人路也。舍其路而弗由，放其心而不知求，哀哉！人有鸡犬放，则知求之；有放心，而不知求。学问之道无他，求其放心而已矣。"（《告子》）

孟子曰："今有无名之指，屈而不信，非疾痛害事也，如有能信之者，则不远秦楚之路，为指之不若人也。

"指不若人，则知恶之；心不若人，则不知恶，此之谓不知类也。"（《告子》）

孟子曰："拱把之桐梓，人苟欲生之，皆知所以养之者。至于身，而不知所以养之者，岂爱身不若桐梓哉？弗思甚也。"（《告子》）

孟子曰："自暴者，不可与有言也；自弃者，不可与有为也。言非礼义，谓之自暴也；吾身不能居仁由义，谓之自弃也。

"仁，人之安宅也；义，人之正路也。旷安宅而弗居，舍正路而不由，哀哉！"（《离娄》）

七

孟子曰："养心莫善于寡欲。其为人也寡欲，虽有不存焉者，寡矣；其为人也多欲，虽有存焉者，寡矣。"（《尽心》）

孟子曰："饥者甘食，渴者甘饮，是未得饮食之正也，饥渴害之也。

"岂惟口腹有饥渴之害？人心亦皆有害。人能无以饥渴之

害为心害,则不及人不为忧矣。"(《尽心》)

孟子曰:"无为其所不为,无欲其所不欲,如此而已矣。"(《尽心》)

齐人有一妻一妾而处室者,其良人出,则必餍酒肉而后反。其妻问所与饮食者,则尽富贵也。其妻告其妾曰:"良人出,则必餍酒肉而后反;问其与饮食者,尽富贵也,而未尝有显者来,吾将瞷良人之所之也。"蚤起,施从良人之所之,遍国中无与立谈者。卒之东郭墦间,之祭者,乞其余;不足,又顾而之他,此其为餍足之道也。其妻归,告其妾曰:"良人者,所仰望而终身也。今若此。"与其妾讪其良人,而相泣于中庭。而良人未之知也,施施从外来,骄其妻妾。

由君子观之,则人之所以求富贵利达者,其妻妾不羞也,而不相泣者,几希矣。(《离娄》)

孟子曰:"人不可以无耻。无耻之耻,无耻矣。"(《尽心》)

孟子曰:"耻之于人大矣。为机变之巧者,无所用耻焉。不耻不若人,何若人有?"(《尽心》)

孟子曰:"有天爵者,有人爵者。仁义忠信,乐善不倦,此天爵也;公卿大夫,此人爵也。

"古之人修其天爵,而人爵从之。今之人修其天爵,以要

人爵；既得人爵，而弃其天爵，则惑之甚者也，终亦必亡而已矣。"(《告子》)

孟子曰："欲贵者，人之同心也。人人有贵于己者，弗思耳。

"人之所贵者，非良贵也。赵孟之所贵，赵孟能贱之。

"《诗》云：'既醉以酒，既饱以德。'言饱乎仁义也，所以不愿人之膏粱之味也；令闻广誉施于身，所以不愿人之文绣也。"(《告子》)

孟子曰："说大人，则藐之，勿视其巍巍然。

"堂高数仞，榱题数尺，我得志弗为也；食前方丈，侍妾数百人，我得志弗为也；般乐饮酒，驱骋田猎，后车千乘，我得志弗为也。

"在彼者，皆我所不为也；在我者，皆古之制也，吾何畏彼哉？"(《尽心》)

孟子曰："古之贤王好善而忘势，古之贤士何独不然？乐其道而忘人之势。故王公不致敬尽礼，则不得亟见之。见且由不得亟，而况得而臣之乎？"(《尽心》)

孟子谓宋勾践曰："子好游乎？吾语子游。人知之，亦嚣嚣；人不知，亦嚣嚣。"①

---

① 罗庸石印本缺"曰：'何如斯可以嚣嚣矣'"一句。

曰:"尊德乐义,则可以嚣嚣矣。故士穷不失义,达不离道。穷不失义,故士得己焉;达不离道,故民不失望焉。古之人,得志,泽加于民;不得志,修身见于世。穷则独善其身,达则兼善天下。"(《尽心》)

景春曰:"公孙衍、张仪岂不诚大丈夫哉?一怒而诸侯惧,安居而天下熄。"

孟子曰:"是焉得为大丈夫乎?子未学礼乎?丈夫之冠也,父命之;女子之嫁也,母命之,往送之门,戒之曰:'往之女家,必敬必戒,无违夫子!'以顺为正者,妾妇之道也。

"居天下之广居,立天下之正位,行天下之大道。得志与民由之,不得志独行其道。富贵不能淫,贫贱不能移,威武不能屈。此之谓大丈夫。"(《滕文公》)

孟子自范之齐,望见齐王之子。喟然叹曰:"居移气,养移体,大哉居乎!夫非尽人之子与?"

孟子曰:"王子宫室、车马、衣服多与人同,而王子若彼者,其居使之然也;况居天下之广居者乎?

"鲁君之宋,呼于垤泽之门。守者曰:'此非吾君也,何其声之似我君也?'此无他,居相似也。"(《尽心》)

孟子曰:"附之以韩魏之家,如其自视欿然,则过人远矣。"(《尽心》)

八

储子曰:"王使人瞯夫子,果有以异于人乎?"

孟子曰:"何以异于人哉?尧舜与人同耳。"(《离娄》)

孟子曰:"舜之居深山之中,与木石居,与鹿豕游,其所以异于深山之野人者几希。及其闻一善言,见一善行,若决江河,沛然莫之能御也。"(《尽心》)

孟子曰:"舜之饭糗茹草也,若将终身焉;及其为天子也,被袗衣,鼓琴,二女果,若固有之。"(《尽心》)

孟子曰:"鸡鸣而起,孳孳为善者,舜之徒也。鸡鸣而起,孳孳为利者,跖之徒也。欲知舜与跖之分,无他,利与善之间也。"(《尽心》)

曹交问曰:"人皆可以为尧舜,有诸?"

孟子曰:"然。"

"交闻文王十尺,汤九尺,今交九尺四寸以长,食粟而已,如何则可?"

曰:"奚有于是?亦为之而已矣。有人于此,力不能胜一匹雏,则为无力人矣;今曰举百钧,则为有力人矣。然则举乌获之任,是亦为乌获而已矣。夫人岂以不胜为患哉?弗为耳。

"徐行后长者谓之弟,疾行先长者谓之不弟。夫徐行者,岂人所不能哉?所不为也。尧舜之道,孝弟而已矣。

"子服尧之服,诵尧之言,行尧之行,是尧而已矣;子服桀之服,诵桀之言,行桀之行,是桀而已矣。"

曰:"交得见于邹君,可以假馆,愿留而受业于门。"

曰:"夫道,若大路然,岂难知哉?人病不求耳。子归而求之,有余师。"(《告子》)

孟子曰:"待文王而后兴者,凡民也。若夫豪杰之士,虽无文王犹兴。"(《尽心》)

孟子曰:"人之有德慧术知者,恒存乎疢疾。独孤臣孽子,其操心也危,其虑患也深,故达。"(《尽心》)

孟子曰:"舜发于畎亩之中,傅说举于版筑之间,胶鬲举于鱼盐之中,管夷吾举于士,孙叔敖举于海,百里奚举于市。

"故天将降大任于是人也,必先苦其心志,劳其筋骨,饿其体肤,空乏其身,行拂乱其所为,所以动心忍性,增益其所不能。

"人恒过,然后能改;困于心,衡于虑,而后作;征于色,发于声,而后喻。入则无法家拂士,出则无敌国外患者,国恒亡。

"然后知生于忧患而死于安乐也。"(《告子》)

九

孟子曰:"子路,人告之以有过则喜。禹闻善言则拜。大舜有大焉,善与人同。舍己从人,乐取于人以为善。自耕、稼、陶、渔,以至为帝,无非取于人者。

"取诸人以为善,是与人为善者也。故君子莫大乎与人为善。"(《公孙丑》)

鲁欲使乐正子为政。孟子曰:"吾闻之,喜而不寐。"

公孙丑曰:"乐正子强乎?"

曰:"否。"

"有知虑乎?"

曰:"否。"

"多闻识乎?"

曰:"否。"

"然则奚为喜而不寐?"

曰:"其为人也好善。"

"好善足乎?"

曰:"好善优于天下,而况鲁国乎?夫苟好善,则四海之内,皆将轻千里而来告之以善。夫苟不好善,则人将曰:'訑訑,予既已知之矣。'訑訑之声音颜色,距人于千里之外。士止于千里之外,则谗谄面谀之人至矣。与谗谄面谀之人居,国欲治,可得乎?"(《告子》)

浩生不害问曰:"乐正子,何人也?"

孟子曰:"善人也,信人也。"

"何谓善?何谓信?"

曰:"可欲之谓善,有诸己之谓信。充实之谓美,充实而有光辉之谓大,大而化之之谓圣,圣而不可知之之谓神。乐正子,二之中,四之下也。"(《尽心》)

十

徐子曰:"仲尼亟称于水,曰:'水哉,水哉!'何取于水也?"

孟子曰:"源泉混混,不舍昼夜。盈科而后进,放乎四海,有本者如是,是之取尔。苟为无本,七八月之间雨集,沟浍皆盈;其涸也,可立而待也。故声闻过情,君子耻之。"(《离娄》)

孟子曰:"孔子登东山而小鲁,登太山而小天下。故观于海者难为水,游于圣人之门者难为言。

"观水有术,必观其澜。日月有明,容光必照焉。

"流水之为物也,不盈科不行;君子之志于道也,不成章不达。"(《尽心》)

孟子曰:"有为者辟若掘井,掘井九轫而不及泉,犹为弃井也。"(《尽心》)

孟子曰:"五谷者,种之美者也;苟为不熟,不如荑稗。夫仁亦在乎熟之而已矣。"(《告子》)

孟子曰:"无或乎王之不智也。虽有天下易生之物也,一日暴之,十日寒之,未有能生者也。吾见亦罕矣,吾退而寒之者至矣,吾如有萌焉何哉?

"今夫弈之为数,小数也,不专心致志,则不得也。弈秋,通国之善弈者也,使弈秋诲二人弈,其一人专心致志,惟弈秋之为听;一人虽听之,一心以为有鸿鹄将至,思援弓缴而射之。虽与之俱学,弗若之矣。为是其智弗若与?曰,非然也。"(《告子》)

公孙丑曰:"道则高矣,美矣,宜若登天然,似不可及也。何不使彼为可几及而日孳孳也?"

孟子曰:"大匠不为拙工改废绳墨,羿不为拙射变其彀率。君子引而不发,跃如也。中道而立,能者从之。"(《尽

心》）

孟子曰："羿之教人射，必志于彀；学者亦必志于彀。大匠诲人，必以规矩，学者亦必以规矩。"（《告子》）

孟子曰："梓匠轮舆能与人规矩，不能使人巧。"（《尽心》）

孟子曰："天下有道，以道殉身；天下无道，以身殉道。未闻以道殉乎人者也。"（《尽心》）

十一

孟子曰："仁言，不如仁声之入人深也。善政，不如善教之得民也。善政民畏之，善教民爱之；善政得民财，善教得民心。"（《尽心》）

孟子曰："君子之所以教者五：有如时雨化之者，有成德者，有达财者，有答问者，有私淑艾者。此五者，君子之所以教也。"（《尽心》）

孟子曰："教亦多术矣，予不屑之教诲也者，是亦教诲之而已矣。"（《告子》）

孟子曰："中也养不中，才也养不才，故人乐有贤父兄也。如中也弃不中，才也弃不才，则贤不肖之相去，其间不能

以寸。"(《离娄》)

孟子曰:"贤者以其昭昭,使人昭昭;今以其昏昏,使人昭昭。"(《尽心》)

孟子谓高子曰:"山径之蹊间介然,用之而成路。为间不用,则茅塞之矣。今茅塞子之心矣。"(《尽心》)

貉稽曰:"稽大不理于口。"

孟子曰:"无伤也。士憎兹多口。《诗》云:'忧心悄悄,愠于群小。'孔子也。'肆不殄厥愠,亦不陨厥问。'文王也。"(《尽心》)

孟子曰:"有不虞之誉,有求全之毁。"(《离娄》)

孟子曰:"人之易其言也,无责耳矣。"(《离娄》)

孟子曰:"言人之不善,当如后患何?"(《离娄》)

孟子曰:"言无实不祥,不祥之实,蔽贤者当之。"(《离娄》)

孟子曰:"君子不亮,恶乎执?"(《告子》)

孟子曰:"好名之人,能让千乘之国;苟非其人,箪食豆羹见于色。"(《尽心》)

孟子曰:"存乎人者,莫良于眸子。眸子不能掩其恶。胸中正,则眸子瞭焉;胸中不正,则眸子眊焉。听其言也,观其眸子,人焉廋哉?"(《离娄》)

孟子曰:"周于利者,凶年不能杀;周于德者,邪世不能乱。"(《尽心》)

孟子曰:"西子蒙不洁,则人皆掩鼻而过之。虽有恶人,斋戒沐浴,则可以祀上帝。"(《离娄》)

孟子曰:"仲尼不为已甚者。"(《离娄》)

孟子曰:"人之患在好为人师。"(《离娄》)

《孟子比谊》卷二终

卷三　人伦

一

孟子曰："仁也者，人也；合而言之，道也。"（《尽心》）

孟子曰："身不行道，不行于妻子；使人不以道，不能行于妻子。"（《尽心》）

孟子曰："仁之实，事亲是也；义之实，从兄是也。智之实，知斯二者弗去是也；礼之实，节文斯二者是也；乐之实，乐斯二者，乐则生矣；生则恶可已也，恶可已，则不知足之蹈之手之舞之。"（《离娄》）

孟子曰："事孰为大？事亲为大；守孰为大？守身为大。不失其身而能事其亲者，吾闻之矣；失其身而能事其亲者，吾未之闻也。孰不为事？事亲，事之本也；孰不为守？守身，守之本也。

"曾子养曾晳，必有酒肉。将彻，必请所与。问有余，必曰'有'。曾晳死，曾元养曾子，必有酒肉。将彻，不请所与。问有余，曰'亡矣'。将以复进也。此所谓养口体者也。若曾子，则可谓养志也。

"事亲若曾子者，可也。"（《离娄》）

曾晳嗜羊枣，而曾子不忍食羊枣。

公孙丑问曰："脍炙与羊枣孰美？"

孟子曰："脍炙哉。"

公孙丑曰："然则曾子何为食脍炙而不食羊枣？"

曰："脍炙所同也，羊枣所独也。——讳名不讳姓，姓所同也，名所独也。"（《尽心》）

万章问曰："舜往于田，号泣于旻天，何为其号泣也？"

孟子曰："怨慕也。"万章曰："父母爱之，喜而不忘；父母恶之，劳而不怨。然则舜怨乎？"

曰："长息问于公明高曰：'舜往于田，则吾既得闻命矣；号泣于旻天，于父母，则吾不知也。'公明高曰：'是非尔所知也。'夫公明高以孝子之心，为不若是恝，我竭力耕田，共为子职而已矣，父母之不我爱，于我何哉？

"帝使其子九男二女，百官牛羊仓廪备，以事舜于畎亩之中。天下之士多就之者，帝将胥天下而迁之焉。为不顺于父母，如穷人无所归。

"天下之士悦之，人之所欲也，而不足以解忧；好色，人之所欲，妻帝之二女，而不足以解忧；富，人之所欲，富有天下，而不足以解忧；贵，人之所欲，贵为天子，而不足以解忧。人悦之、好色、富贵，无足以解忧者，惟顺于父母，可以解忧。

"人少，则慕父母；知好色，则慕少艾；有妻子，则慕妻子；仕则慕君，不得于君则热中。大孝终身慕父母。五十而慕者，予于大舜见之矣。"（《万章》）

咸丘蒙问曰："语云：'盛德之士，君不得而臣，父不得而子。'舜南面而立，尧帅诸侯北面而朝之，瞽瞍亦北面而朝之。舜见瞽瞍，其容有蹙。孔子曰：'于斯时也，天下殆哉，岌岌乎！'不识此语诚然乎哉？"

孟子曰："否。此非君子之言，齐东野人之语也。尧老而舜摄也。《尧典》曰：'二十有八载，放勋乃徂落，百姓如丧考妣，三年，四海遏密八音。'孔子曰：'天无二日，民无二王。'舜既为天子矣，又帅天下诸侯以为尧三年丧，是二天子矣。"

咸丘蒙曰："舜之不臣尧，则吾既得闻命矣。《诗》

云：'普天之下，莫非王土；率土之滨，莫非王臣。'而舜既为天子矣，敢问瞽瞍之非臣，如何？"

曰："是诗也，非是之谓也。劳于王事，而不得养父母也。曰：'此莫非王事，我独贤劳也。'故说诗者，不以文害辞，不以辞害志。以意逆志，是为得之。如以辞而已矣，《云汉》之诗曰：'周余黎民，靡有孑遗。'信斯言也，是周无遗民也。

"孝子之至，莫大乎尊亲；尊亲之至，莫大乎以天下养。为天子父，尊之至也；以天下养，养之至也。《诗》曰：'永言孝思，孝思维则。'此之谓也。

"《书》曰：'只载见瞽瞍，夔夔齐栗，瞽瞍亦允若。'是为父不得而子也。"（《万章》）

孟子曰："天下大悦而将归己。视天下悦而归己，犹草芥也。惟舜为然。不得乎亲，不可以为人；不顺乎亲，不可以为子。

"舜尽事亲之道而瞽瞍厎豫，瞽瞍厎豫而天下化，瞽瞍厎豫而天下之为父子者定，此之谓大孝。"（《离娄》）

公孙丑问曰："高子曰：'《小弁》，小人之诗也。'"

孟子曰："何以言之？"

曰："怨。"

曰:"固哉,高叟之为诗也,有人于此,越人关弓而射之,则己谈笑而道之;无他,疏之也。其兄关弓而射之,则己垂涕泣而道之;无他,戚之也。《小弁》之怨,亲亲也。亲亲,仁也。固矣夫,高叟之为诗也!"

曰:"《凯风》何以不怨?"曰:"《凯风》,亲之过小者也;《小弁》,亲之过大者也。亲之过大而不怨,是愈疏也;亲之过小而怨,是不可矶也。愈疏,不孝也;不可矶,亦不孝也。

孔子曰:'舜其至孝矣,五十而慕。'"(《告子》)

万章问曰:"《诗》云:'娶妻如之何①?必告父母。'信斯言也,宜莫如舜。舜之不告而娶,何也?"

孟子曰:"告则不得娶。男女居室,人之大伦也。如告,则废人之大伦,以怼父母,是以不告也。"

万章曰:"舜之不告而娶,则吾既得闻命矣;帝之妻舜而不告,何也?"

曰:"帝亦知告焉则不得妻也。"(《万章》)

孟子曰:"不孝有三,无后为大。舜不告而娶,为无后也,君子以为犹告也。"(《离娄》)

桃应问曰:"舜为天子,皋陶为士,瞽瞍杀人,则如

---
① 罗庸石印本作"娶妻之如何"。

之何?"

孟子曰:"执之而已矣。"

"然则舜不禁与?"

曰:"夫舜恶得而禁之?夫有所受之也。"

"然则舜如之何?"

曰:"舜视弃天下,犹弃敝蹝也。窃负而逃,遵海滨而处,终身欣然,乐而忘天下。"(《尽心》)

万章曰:"父母使舜完廪,捐阶,瞽瞍焚廪。使浚井,出,从而揜之。象曰:'谟盖都君咸我绩。牛羊父母,仓廪父母,干戈朕,琴朕,弤朕,二嫂使治朕栖。'象往入舜宫,舜在床琴。象曰:'郁陶思君尔。'忸怩。舜曰:'惟兹臣庶,汝其于予治。'不识舜不知象之将杀己与?"

曰:"奚而不知也?象忧亦忧,象喜亦喜。"

曰:"然则舜伪喜者与?"

曰:"否。昔者有馈生鱼于郑子产,子产使校人畜之池。校人烹之,反命曰:'始舍之圉圉焉,少则洋洋焉,攸然而逝。'子产曰:'得其所哉!得其所哉!'校人出,曰:'孰谓子产智?予既烹而食之,曰:得其所哉?得其所哉。'故君子可欺以其方,难罔以非其道。彼以爱兄之道来,故诚信而喜之,奚伪焉?"(《万章》)

万章问曰:"象日以杀舜为事,立为天子,则放之,何也?"

孟子曰:"封之也,或曰放焉。"

万章曰:"舜流共工于幽州,放驩兜于崇山,杀三苗于三危,殛鲧于羽山,四罪而天下咸服,诛不仁也。象至不仁,封之有庳。有庳之人奚罪焉?仁人固如是乎?在他人则诛之,在弟则封之?"

曰:"仁人之于弟也,不藏怒焉,不宿怨焉,亲爱之而已矣。亲之欲其贵也,爱之欲其富也。封之有庳,富贵之也。身为天子,弟为匹夫,可谓亲爱之乎?"

"敢问或曰放者,何谓也?"

曰:"象不得有为于其国,天子使吏治其国,而纳其贡税焉,故谓之放,岂得暴彼民哉?虽然,欲常常而见之,故源源而来。'不及贡,以政接于有庳。'此之谓也。"(《万章》)

二

孟子曰:"养生者,不足以当大事,惟送死可以当大事。"(《离娄》)

滕文公为世子,将之楚,过宋而见孟子。孟子道性善,言必称尧舜。世子自楚反,复见孟子。孟子曰:"世子疑吾言乎?夫道一而已矣。

"成覸谓齐景公曰:'彼丈夫也,我丈夫也,吾何畏彼哉?'颜渊曰:'舜何人也?予何人也?有为者亦若是。'公明仪曰:'文王我师也,周公岂欺我哉?'

"今滕,绝长补短,将五十里也,犹可以为善国。《书》曰:'若药不瞑眩,厥疾不瘳。'"(《滕文公》)

滕定公薨。世子谓然友曰:"昔者孟子尝与我言于宋,于心终不忘。今也不幸至于大故,吾欲使子问于孟子,然后行事。"

然友之邹问于孟子。

孟子曰:"不亦善乎!亲丧固所自尽也。曾子曰:'生,事之以礼;死,葬之以礼,祭之以礼,可谓孝矣。'诸侯之礼,吾未之学也;虽然,吾尝闻之矣。三年之丧,斋疏之服,飦粥之食,自天子达于庶人,三代共之。"

然友反命,定为三年之丧。父兄百官皆不欲,曰:"吾宗国鲁先君莫之行,吾先君亦莫之行也,至于子之身而反之,不可。且志曰:'丧祭从先祖。'"曰:"吾有所受之也。"

谓然友曰:"吾他日未尝学问,好驰马试剑。今也父兄百官不我足也,恐其不能尽于大事,子为我问孟子。"

然友复之邹问孟子。

孟子曰:"然。不可以他求者也。孔子曰:'君薨,听于冢宰。歠粥面深墨。即位而哭,百官有司,莫敢不哀,先之也。'上有好者,下必有甚焉者矣。君子之德,风也;小人之德,草也。草尚之风必偃。是在世子。"

然友反命。世子曰:"然。是诚在我。"五月居庐,未有命戒。百官族人可谓曰知。及至葬,四方来观之,颜色之戚,哭泣之哀,吊者大悦。(《滕文公》)

齐宣王欲短丧。

公孙丑曰:"为期之丧,犹愈于已乎?"

孟子曰:"是犹或紾其兄之臂,子谓之姑徐徐云尔,亦教之孝弟而已矣。"

王子有其母死者,其傅为之请数月之丧。

公孙丑曰:"若此者何如也?"

曰:"是欲终之而不可得也。虽加一日愈于已,谓夫莫之禁而弗为者也。(《尽心》)

孟子自齐葬于鲁,反于齐,止于嬴。

充虞请曰:"前日不知虞之不肖,使虞敦匠事。严,虞不敢请。今愿窃有请也,木若以美然。"

曰:"古者棺椁无度,中古棺七寸,椁称之。自天子达于庶人。非直为观美也,然后尽于人心。

"不得不可以为悦,无财不可以为悦。得之为有财,古之人皆用之,吾何为独不然?且比化者,无使土亲肤,于人心独无恔乎?吾闻之也,君子不以天下俭其亲。"(《公孙丑》)

鲁平公将出。嬖人臧仓者请曰:"他日君出,则必命有司所之。今乘舆已驾矣,有司未知所之。敢请。"

公曰:"将见孟子。"

曰:"何哉?君所为轻身以先于匹夫者,以为贤乎?礼义由贤者出。而孟子之后丧逾前丧。君无见焉!"

公曰:"诺。"

乐正子入见曰:"君奚为不见孟轲也?"

曰:"或告寡人曰,'孟子之后丧逾前丧,'是以不往见也。"

曰:"何哉君所谓逾者?前以士,后以大夫;前以三鼎,而后以五鼎与?"

曰:"否,谓棺椁衣衾之美也。"

曰:"非所谓逾也,贫富不同也。"

乐正子见孟子,曰:"克告于君,君为来见也。嬖人有臧仓者沮君,君是以不果来也。"

曰:"行或使之,止或尼之。行止,非人所能也。吾之不遇鲁侯,天也。臧氏之子焉能使予不遇哉?"(《梁惠王》)

墨者夷之,因徐辟而求见孟子。

孟子曰:"吾固愿见,今吾尚病,病愈,我且往见,夷子不来。"

他日又求见孟子。

孟子曰:"吾今则可以见矣。不直,则道不见;我且直之。吾闻夷子墨者。墨之治丧也,以薄为其道也。夷子思以易天下,岂以为非是而不贵也?然而夷子葬其亲厚,则是以所贱事亲也。"

徐子以告夷子。

夷子曰:"儒者之道,古之人'若保赤子',此言何谓也?之则以为爱无差等,施由亲始。"

徐子以告孟子。

孟子曰:"夫夷子,信以为人之亲其兄之子为若亲其邻之赤子乎?彼有取尔也。赤子匍匐将入井,非赤子之罪也。且天之生物也,使之一本,而夷子二本故也。

"盖上世尝有不葬其亲者。其亲死,则举而委之于壑。他日过之,狐狸食之,蝇蚋姑嘬之。其颡有泚,睨而不视。夫泚也,非为人泚,中心达于面目。盖归反藁梩而掩之。掩之诚是也,则孝子仁人之掩其亲,亦必有道矣。"

徐子以告夷子。夷子怃然为间曰:"命之矣。"(《滕文公》)

三

公孙丑曰:"君子之不教子,何也?"

孟子曰:"势不行也。教者必以正;以正不行,继之以怒;继之以怒,则反夷矣。'夫子教我以正,夫子未出于正也。'则是父子相夷也。父子相夷,则恶矣。

"古者易子而教之。父子之间不责善。责善则离,离则不祥莫大焉。"(《离娄》)

公都子曰:"匡章,通国皆称不孝焉。夫子与之游,又从而礼貌之,敢问何也?"

孟子曰:"世俗所谓不孝者五:惰其四支,不顾父母之养,一不孝也;博弈好饮酒,不顾父母之养,二不孝也;好货财,私妻子,不顾父母之养,三不孝也;从耳目之欲,以为父母戮,四不孝也;好勇斗很,以危父母,五不孝也。章子有一于是乎?

"夫章子,子父责善而不相遇也。责善,朋友之道也;父子责善，贼恩之大者。

"夫章子，岂不欲有夫妻子母之属哉？为得罪于父，不得近。出妻屏子，终身不养焉。其设心以为不若是，是则罪之大者，是则章子已矣。"（《离娄》）

《孟子比谊》卷三终

卷四　仁政

一

孟子见梁惠王。

王曰："叟不远千里而来，亦将有以利吾国乎？"

孟子对曰："王何必曰利？亦有仁义而已矣。王曰'何以利吾国'？大夫曰'何以利吾家'？士庶人曰'何以利吾身'？上下交征利而国危矣。万乘之国弑其君者，必千乘之家；千乘之国弑其君者，必百乘之家。万取千焉，千取百焉，不为不多矣。苟为后义而先利，不夺不餍。

"未有仁而遗其亲者也，未有义而后其君者也。王亦曰仁义而已矣，何必曰利？"（《梁惠王》）

宋牼将之楚，孟子遇于石丘。

曰："先生将何之？"

曰:"吾闻秦楚构兵,我将见楚王说而罢之。楚王不悦,我将见秦王说而罢之,二王我将有所遇焉。"

曰:"轲也请无问其详,愿闻其指。说之将何如?"

曰:"我将言其不利也。"

曰:"先生之志则大矣,先生之号则不可。

"先生以利说秦楚之王,秦楚之王悦于利,以罢三军之师,是三军之士乐罢而悦于利也。为人臣者怀利以事其君,为人子者怀利以事其父,为人弟者怀利以事其兄。是君臣、父子、兄弟终去仁义,怀利以相接,然而不亡者,未之有也。

"先生以仁义说秦楚之王,秦楚之王悦于仁义,而罢三军之师,是三军之士乐罢而悦于仁义也。为人臣者怀仁义以事其君,为人子者怀仁义以事其父,为人弟者怀仁义以事其兄,是君臣、父子、兄弟去利,怀仁义以相接也。然而不王者,未之有也。何必曰利?"(《告子》)

二

孟子曰:"离娄之明,公输子之巧,不以规矩,不能成方圆;师旷之聪,不以六律,不能正五音;尧舜之道,不以仁政,不能平治天下。

"今有仁心仁闻而民不被其泽,不可法于后世者,不行先王之道也。

"故曰,徒善不足以为政,徒法不能以自行。

"《诗》云:'不愆不忘,率由旧章。'遵先王之法而过者,未之有也。

"圣人既竭目力焉,继之以规矩准绳,以为方员平直,不可胜用也;既竭耳力焉,继之以六律,正五音,不可胜用也;既竭心思焉,继之以不忍人之政,而仁覆天下矣。

"故曰,为高必因丘陵,为下必因川泽。为政不因先王之道,可谓智乎?

"是以惟仁者宜在高位。不仁而在高位,是播其恶于众也。

"上无道揆也,下无法守也。朝不信道,工不信度,君子犯义,小人犯刑,国之所存者,幸也。

"故曰:城郭不完,兵甲不多,非国之灾也;田野不辟,货财不聚,非国之害也。上无礼,下无学,贼民兴,丧无日矣。

"《诗》曰:'天之方蹶,无然泄泄。'泄泄,犹沓沓也。事君无义,进退无礼,言则非先王之道者,犹沓沓也。

"故曰,责难于君谓之恭,陈善闭邪谓之敬,吾君不能谓之贼。"(《离娄》)

孟子曰:"规矩,方圆之至也;圣人,人伦之至也。

"欲为君尽君道,欲为臣尽臣道,二者皆法尧舜而已矣。不以舜之所以事尧事君,不敬其君者也;不以尧之所以治民治民,贼其民者也。

"孔子曰:'道二:仁与不仁而已矣。'暴其民甚,则身弑国亡;不甚,则身危国削。名之曰'幽厉',虽孝子慈孙,百世不能改也。

"《诗》云:'殷鉴不远,在夏后之世。'此之谓也。"(《离娄》)

孟子曰:"三代之得天下也以仁,其失天下也以不仁。国之所以废兴存亡者亦然。

"天子不仁,不保四海;诸侯不仁,不保社稷;卿大夫不仁,不保宗庙;士庶人不仁,不保四体。

"今恶死亡而乐不仁,是犹恶醉而强酒。"(《离娄》)

孟子曰:"仁则荣,不仁则辱。今恶辱而居不仁,是犹恶湿而居下也。

"如恶之,莫如贵德而尊士,贤者在位,能者在职。国家闲暇,及是时明其政刑。虽大国,必畏之矣。

"《诗》云:'迨天之未阴雨,彻彼桑土,绸缪牖户。今此下民,或敢侮予?'

"孔子曰:'为此诗者,其知道乎!能治其国家,谁敢

侮之?'

"今国闲暇,及是时般乐怠敖,是自求祸也。祸福无不自己求之者。

"《诗》云:'永言配命,自求多福。'《太甲》曰:'天作孽,犹可违;自作孽,不可活。'此之谓也。"(《公孙丑》)

孟子曰:"不仁者可与言哉?安其危而利其菑,乐其所以亡者。不仁而可与言,则何亡国败家之有?

"有《孺子歌》曰:'沧浪之水清兮,可以濯我缨;沧浪之水浊兮,可以濯我足。'孔子曰:'小子听之!清斯濯缨,浊斯濯足矣,自取之也。'

"夫人必自侮,然后人侮之;家必自毁,而后人毁之;国必自伐,而后人伐之。《太甲》曰:'天作孽,犹可违;自作孽,不可活。'此之谓也。"(《离娄》)

孟子曰:"仁之胜不仁也,犹水胜火。今之为仁者,犹以一杯水,救一车薪之火也;不熄,则谓之水不胜火,此又与于不仁之甚者也。亦终必亡而已矣。"(《告子》)

孟子曰:"不仁而得国者,有之矣;不仁而得天下,未之有也。"(《尽心》)

孟子曰:"以力假仁者霸,霸必有大国,以德行仁者王,王不待大。汤以七十里,文王以百里。

"以力服人者,非心服也,力不赡也;以德服人者,中心悦而诚服也,如七十子之服孔子也。

"《诗》云:'自西自东,自南自北,无思不服。'此之谓也。"(《公孙丑》)

孟子曰:"尧舜性之也,汤武身之也,五霸假之也。久假而不归,恶知其非有也。"(《尽心》)

孟子曰:"以善服人者,未有能服人者也;以善养人,然后能服天下。天下不心服而王者,未之有也。"(《离娄》)

孟子曰:"霸者之民,驩虞如也;王者之民,皞皞如也。杀之而不怨,利之而不庸,民日迁善而不知为之者。夫君子所过者化,所存者神,上下与天地同流,岂曰小补之哉?"(《尽心》)

孟子曰:"天时不如地利,地利不如人和。

"三里之城,七里之郭,环而攻之而不胜。夫环而攻之,必有得天时者矣;然而不胜者,是天时不如地利也。

"城非不高也,池非不深也,兵革非不坚利也,米粟非不多也;委而去之,是地利不如人和也。

"故曰:域民不以封疆之界,固国不以山溪之险,威天下不以兵革之利。得道者多助,失道者寡助。寡助之至,亲戚畔之；多助之至，天下顺之。

"以天下之所顺，攻亲戚之所畔；故君子有不战，战必胜矣。"（《公孙丑》）

孟子曰："桀纣之失天下也，失其民也；失其民者，失其心也。得天下有道：得其民，斯得天下矣；得其民有道：得其心，斯得民矣；得其心有道：所欲与之聚之，所恶勿施尔也。

"民之归仁也，犹水之就下、兽之走圹也。

"故为渊驱鱼者，獭也；为丛驱爵者，鹯也；为汤武驱民者，桀与纣也。

"今天下之君有好仁者，则诸侯皆为之驱矣。虽欲无王，不可得已。

"今之欲王者，犹七年之病求三年之艾也。苟为不畜，终身不得。苟不志于仁，终身忧辱，以陷于死亡。

"《诗》云：'其何能淑，载胥及溺。'此之谓也。"（《离娄》）

孟子曰："天下有道，小德役大德，小贤役大贤；天下无道，小役大，弱役强。斯二者天也，顺天者存，逆天者亡。

"齐景公曰：'既不能令，又不受命，是绝物也。'涕出而女于吴。

"今也小国师大国而耻受命焉，是犹弟子而耻受命于先师也。

"如耻之,莫若师文王。师文王,大国五年,小国七年,必为政于天下矣。

"《诗》云:'商之孙子,其丽不亿。上帝既命,侯于周服。侯服于周,天命靡常。殷士肤敏,裸将于京。'孔子曰:'仁不可为众也。夫国君好仁,天下无敌。'

"今也欲无敌于天下而不以仁,是犹执热而不以濯也。《诗》云:'谁能执热,逝不以濯?'"(《离娄》)

三

孟子见梁襄王。

出,语人曰:"望之不似人君,就之而不见所畏焉。卒然问曰:'天下恶乎定?'吾对曰:'定于一。'

"'孰能一之?'

"对曰:'不嗜杀人者能一之。'

"'孰能与之?'

"对曰:'天下莫不与也。王知夫苗乎?七八月之间旱,则苗槁矣。天油然作云,沛然下雨,则苗浡然兴之矣。其如是,孰能御之?今夫天下之人牧,未有不嗜杀人者也,如有不

嗜杀人者，则天下之民皆引领而望之矣。诚如是也，民归之，由水之就下，沛然谁能御之？'"（《梁惠王》）

齐宣王问曰："齐桓、晋文之事可得闻乎？"

孟子对曰："仲尼之徒无道桓、文之事者，是以后世无传焉。臣未之闻也。无以，则王乎？"

曰："德何如，则可以王矣？"

曰："保民而王，莫之能御也。"

曰："若寡人者，可以保民乎哉？"

曰："可。"

曰："何由知吾可也？"

曰："臣闻之胡龁曰，王坐于堂上，有牵牛而过堂下者，王见之，曰：'牛何之？'对曰：'将以衅钟。'王曰：'舍之！吾不忍其觳觫，若无罪而就死地。'对曰：'然则废衅钟与？'曰：'何可废也？以羊易之！'不识有诸？"

曰："有之。"

曰："是心足以王矣。百姓皆以王为爱也，臣固知王之不忍也。"

王曰："然。诚有百姓者。齐国虽褊小，吾何爱一牛？即不忍其觳觫，若无罪而就死地，故以羊易之也。"

曰："王无异于百姓之以王为爱也。以小易大，彼恶知之？王若隐其无罪而就死地，则牛羊何择焉？"

王笑曰："是诚何心哉？我非爱其财。而易之以羊也，宜乎百姓之谓我爱也。"

曰："无伤也，是乃仁术也，见牛未见羊也。君子之于禽兽也，见其生，不忍见其死；闻其声，不忍食其肉。是以君子远庖厨也。"

王说曰："《诗》云：'他人有心，予忖度之。'夫子之谓也。夫我乃行之，反而求之，不得吾心。夫子言之，于我心有戚戚焉。此心之所以合于王者，何也？"

曰："有复于王者曰：'吾力足以举百钧'，而不足以举一羽；'明足以察秋毫之末'，而不见舆薪，则王许之乎？"

曰："否。"

"今恩足以及禽兽，而功不至于百姓者，独何与？然则一羽之不举，为不用力焉；舆薪之不见，为不用明焉，百姓之不见保，为不用恩焉。故王之不王，不为也，非不能也。"

曰："不为者与不能者之形何以异？"

曰："挟太山以超北海，语人曰'我不能'，是诚不能也。为长者折枝，语人曰'我不能'，是不为也，非不能也。故王之不王，非挟太山以超北海之类也；王之不王，是折枝之类也。

"老吾老,以及人之老;幼吾幼,以及人之幼。天下可运于掌。《诗》云:'刑于寡妻,至于兄弟,以御于家邦。'言举斯心加诸彼而已。故推恩足以保四海,不推恩无以保妻子。古之人所以大过人者无他焉,善推其所为而已矣。今恩足以及禽兽,而功不至于百姓者,独何与?

"权,然后知轻重;度,然后知长短。物皆然,心为甚。王请度之。

"抑王兴甲兵,危士臣,构怨于诸侯,然后快于心与?"

王曰:"否。吾何快于是?将以求吾所大欲也。"

曰:"王之所大欲可得闻与?"

王笑而不言。

曰:"为肥甘不足于口与?轻暖不足于体与?抑为采色不足视于目与?声音不足听于耳与?便嬖不足使令于前与?王之诸臣皆足以供之,而王岂为是哉?"

曰:"否。吾不为是也。"

曰:"然则王之所大欲可知已。欲辟土地,朝秦楚,莅中国而抚四夷也。以若所为求若所欲,犹缘木而求鱼也。"

王曰:"若是其甚与?"

曰:"殆有甚焉。缘木求鱼,虽不得鱼,无后灾。以若所为,求若所欲,尽心力而为之,后必有灾。"

曰:"可得闻与?"

曰:"邹人与楚人战,则王以为孰胜?"

曰:"楚人胜。"

曰:"然则小固不可以敌大,寡固不可以敌众,弱固不可以敌强。海内之地方千里者九,齐集有其一。以一服八,何以异于邹敌楚哉?盖亦反其本矣。

"今王发政施仁,使天下仕者皆欲立于王之朝,耕者皆欲耕于王之野,商贾皆欲藏于王之市,行旅皆欲出于王之涂,天下之欲疾其君者皆欲赴愬于王。其若是,孰能御之?"

王曰:"吾惛,不能进于是矣。愿夫子辅吾志,明以教我。我虽不敏,请尝试之。"

曰:"无恒产而有恒心者,惟士为能。若民,则无恒产,因无恒心。苟无恒心,放辟邪侈,无不为已。及陷于罪,然后从而刑之,是罔民也。焉有仁人在位,罔民而可为也?

"是故明君制民之产,必使仰足以事父母,俯足以畜妻子,乐岁终身饱,凶年免于死亡。然后驱而之善,故民之从之也轻。

"今也制民之产,仰不足以事父母,俯不足以畜妻子,乐岁终身苦,凶年不免于死亡。此惟救死而恐不赡,奚暇治礼义哉?

"王欲行之,则盍反其本矣。

"五亩之宅,树之以桑,五十者可以衣帛矣;鸡豚狗彘之畜,无失其时,七十者可以食肉矣;百亩之田,勿夺其时,八口之家可以无饥矣;谨庠序之教,申之以孝悌之义,颁白者不负戴于道路矣。老者衣帛食肉,黎民不饥不寒,然而不王者,未之有也。"(《梁惠王》)

梁惠王曰:"寡人之于国也,尽心焉耳矣。河内凶,则移其民于河东,移其粟于河内。河东凶亦然。察邻国之政,无如寡人之用心者。邻国之民不加少,寡人之民不加多,何也?"

孟子对曰:"王好战,请以战喻。填然鼓之,兵刃既接,弃甲曳兵而走。或百步而后止,或五十步而后止。以五十步笑百步,则何如?"

曰:"不可,直不百步耳,是亦走也。"

曰:"王如知此,则无望民之多于邻国也。

"不违农时,谷不可胜食也;数罟不入洿池,鱼鳖不可胜食也;斧斤以时入山林,材木不可胜用也。谷与鱼鳖不可胜食,材木不可胜用,是使民养生丧死无憾也。养生丧死无憾,王道之始也。

"五亩之宅,树之以桑,五十者可以衣帛矣;鸡豚狗彘之畜,无失其时,七十者可以食肉矣;百亩之田,勿夺其时,数口之家可以无饥矣；谨庠序之教，申之以孝悌之义，颁白者不负戴于道路矣。七十者衣帛食肉，黎民不饥不寒，然而不王者，未之有也。

"狗彘食人食而不知检，涂有饿莩而不知发；人死，则曰：'非我也，岁也。'是何异于刺人而杀之，曰：'非我也，兵也。'王无罪岁，斯天下之民至焉。"（《梁惠王》）

梁惠王曰："寡人愿安承教。"

孟子对曰："杀人以梃与刃，有以异乎？"

曰："无以异也。"

"以刃与政，有以异乎？"

曰："无以异也。"

曰："庖有肥肉，厩有肥马，民有饥色，野有饿莩，此率兽而食人也。兽相食，且人恶之。为民父母，行政不免于率兽而食人。恶在其为民父母也！

"仲尼曰：'始作俑者，其无后乎！'为其象人而用之也。如之何其使斯民饥而死也？"（《梁惠王》）

孟子曰："伯夷辟纣，居北海之滨，闻文王作，兴曰：'盍归乎来？吾闻西伯善养老者。'太公辟纣，居东海之滨，闻文王作，兴曰：'盍归乎来？吾闻西伯善养老者。'天下有善养老，则仁人以为己归矣。

"五亩之宅，树墙下以桑，匹妇蚕之，则老者足以衣帛矣。五母鸡，二母彘，无失其时，老者足以无失肉矣。百亩之田，匹夫耕之，八口之家可以无饥矣。

"所谓西伯善养老者，制其田里，教之树畜，导其妻子，使养其老。五十非帛不暖，七十非肉不饱。不暖不饱，谓之冻馁。文王之民，无冻馁之老者，此之谓也。"（《尽心》）

孟子曰："伯夷辟纣，居北海之滨，闻文王作，兴曰：'盍归乎来！吾闻西伯善养老者。'太公辟纣，居东海之滨，闻文王作，兴曰：'盍归乎来！吾闻西伯善养老者。'

"二老者，天下之大老也，而归之，是天下之父归之也。天下之父归之，其子焉往？

"诸侯有行文王之政者，七年之内，必为政于天下矣。"（《离娄》）

孟子曰："尊贤使能，俊杰在位，则天下之士皆悦而愿立于其朝矣。市廛而不征，法而不廛，则天下之商皆悦而愿藏于其市矣。关讥而不征，则天下之旅皆悦而愿出于其路矣。耕者助而不税，则天下之农皆悦而愿耕于其野矣。廛无夫里之布，则天下之民皆悦而愿为之氓矣。

"信能行此五者，则邻国之民仰之若父母矣。率其子弟，攻其父母，自生民以来，未有能济者也。如此，则无

敌于天下。无敌于天下者，天吏也。然而不王者，未之有也。"（《公孙丑》）

梁惠王曰："晋国，天下莫强焉，叟之所知也。及寡人之身，东败于齐，长子死焉；西丧地于秦七百里；南辱于楚。寡人耻之，愿比死者一洒之，如之何则可？"

孟子对曰："地方百里而可以王。王如施仁政于民，省刑罚，薄税敛，深耕易耨。壮者以暇日修其孝悌忠信，入以事其父兄，出以事其长上，可使制梃以挞秦楚之坚甲利兵矣。

"彼夺其民时，使不得耕耨以养其父母，父母冻饿，兄弟妻子离散。彼陷溺其民，王往而征之，夫谁与王敌？

"故曰：'仁者无敌。'王请勿疑！"（《梁惠王》）

孟子曰："易其田畴，薄其税敛，民可使富也。食之以时，用之以礼，财不可胜用也。民非水火不生活，昏暮叩人之门户，求水火，无弗与者，至足矣。圣人治天下，使有菽粟如水火。菽粟如水火，而民焉有不仁者乎？"（《尽心》）

滕文公问为国。

孟子曰："民事不可缓也。《诗》云：'昼尔于茅，宵尔索绹；亟其乘屋，其始播百谷。'

"民之为道也，有恒产者有恒心，无恒产者无恒心。苟无恒心，放辟邪侈，无不为已。及陷乎罪，然后从而刑之，是罔民也。焉有仁人在位，罔民而可为也？

"是故贤君必恭俭礼下，取于民有制。——阳虎曰：'为富不仁矣，为仁不富矣。'

"夏后氏五十而贡，殷人七十而助，周人百亩而彻，其实皆什一也。助者，藉也。

"龙子曰：'治地莫善于助，莫不善于贡。贡者校数岁之中以为常。乐岁，粒米狼戾，多取之而不为虐，则寡取之；凶年，粪其田而不足，则必取盈焉。为民父母，使民盻盻然，将终岁勤动，不得以养其父母，又称贷而益之。使老稚转乎沟壑，恶在其为民父母也？'

"夫世禄，滕固行之矣。

"《诗》云：'雨我公田，遂及我私。'惟助为有公田。由此观之，虽周亦助也。

"设为庠序学校以教之：庠者，养也；校者，教也；序者，射也。夏曰校，殷曰序，周曰庠，学则三代共之，皆所以明人伦也。人伦明于上，小民亲于下。

"有王者起，必来取法，是为王者师也。

"《诗》云'周虽旧邦，其命惟新'，文王之谓也。子力行之，亦以新子之国。"（《滕文公》）

孟子曰："恭者不侮人，俭者不夺人。侮夺人之君，惟

恐不顺焉，恶得为恭俭？恭俭岂可以声音笑貌为哉？"（《离娄》）

使毕战问井地。

孟子曰："子之君将行仁政，选择而使子，子必勉之！夫仁政，必自经界始。经界不正，井地不钧，谷禄不平。是故暴君污吏必慢其经界。经界既正，分田制禄可坐而定也。

"夫滕壤地褊小，将为君子焉，将为野人焉。无君子莫治野人，无野人莫养君子。

"请野九一而助，国中什一使自赋。卿以下必有圭田，圭田五十亩。余夫二十五亩。死徙无出乡，乡田同井。出入相友，守望相助，疾病相扶持，则百姓亲睦。方里而井，井九百亩，其中为公田。八家皆私百亩，同养公田。公事毕，然后敢治私事，所以别野人也。

"此其大略也。若夫润泽之，则在君与子矣。"（《滕文公》）

北宫锜问曰："周室班爵禄也，如之何？"

孟子曰："其详不可得闻也。诸侯恶其害己也，而皆去其籍。然而轲也，尝闻其略也。

"天子一位，公一位，侯一位，伯一位，子、男同一位，凡五等也。君一位，卿一位，大夫一位，上士一位，中士一位,下士一位,凡六等。

"天子之制,地方千里,公侯皆方百里,伯七十里,子、男五十里,凡四等。不能五十里,不达于天子,附于诸侯,曰附庸。

"天子之卿受地视侯,大夫受地视伯,元士受地视子、男。

"大国地方百里,君十卿禄,卿禄四大夫,大夫倍上士,上士倍中士,中士倍下士,下士与庶人在官者同禄,禄足以代其耕也。①

"小国地方五十里,君十卿禄,卿禄二大夫,大夫倍上士,上士倍中士,中士倍下士,下士与庶人在官者同禄,禄足以代其耕也。

"耕者之所获,一夫百亩。百亩之粪,上农夫食九人,上次食八人,中食七人,中次食六人,下食五人。庶人在官者,其禄以是为差。"(《万章》)

齐宣王问曰:"人皆谓我毁明堂。毁诸?已乎?"

孟子对曰:"夫明堂者,王者之堂也。王欲行王政,则勿毁之矣。"

王曰:"王政可得闻与?"

---

① 其后省略"次国地方七十里,君十卿禄,卿禄三大夫,大夫倍上士,上士倍中士,中士倍下士,下士与庶人在官者同禄,禄足以代其耕也"。

对曰:"昔者文王之治岐也,耕者九一,仕者世禄,关市讥而不征,泽梁无禁,罪人不孥。老而无妻曰鳏,老而无夫曰寡,老而无子曰独,幼而无父曰孤。此四者,天下之穷民而无告者。文王发政施仁,必先斯四者。《诗》云:'哿矣富人,哀此茕独。'"

王曰:"善哉言乎!"

曰:"王如善之,则何为不行?"

王曰:"寡人有疾,寡人好货。"

对曰:"昔者公刘好货。《诗》云:'乃积乃仓,乃裹糇粮,于橐于囊。思戢用光。弓矢斯张,干戈戚扬,爰方启行。'故居者有积仓,行者有裹粮也,然后可以爰方启行。王如好货,与百姓同之,于王何有?"

王曰:"寡人有疾,寡人好色。"

对曰:"昔者大王好色,爱厥妃。《诗》云:'古公亶父,来朝走马,率西水浒,至于岐下。爰及姜女,聿来胥宇。'当是时也,内无怨女,外无旷夫。王如好色,与百姓同之,于王何有?"(《梁惠王》)

孟子见梁惠王,王立于沼上,顾鸿雁麋鹿,曰:"贤者亦乐此乎?"

孟子对曰:"贤者而后乐此,不贤者虽有此,不乐也。

"《诗》云：'经始灵台，经之营之，庶民攻之，不日成之。经始勿亟，庶民子来。王在灵囿，麀鹿攸伏，麀鹿濯濯，白鸟鹤鹤。王在灵沼，于牣鱼跃。'文王以民力为台为沼。而民欢乐之，谓其台曰灵台，谓其沼曰灵沼，乐其有麋鹿鱼鳖。古之人与民偕乐，故能乐也。

"《汤誓》曰：'时日害丧？予及女偕亡。'民欲与之偕亡，虽有台池鸟兽，岂能独乐哉？"（《梁惠王》）

庄暴见孟子，曰："暴见于王，王语暴以好乐，暴未有以对也。"曰："好乐何如？"

孟子曰："王之好乐甚，则齐国其庶几乎！"

他日，见于王曰："王尝语庄子以好乐，有诸？"

王变乎色，曰："寡人非能好先王之乐也，直好世俗之乐耳。"

曰："王之好乐甚，则齐其庶几乎！今之乐犹古之乐也。"

曰："可得闻与？"

曰："独乐乐，与人乐乐，孰乐？"

曰："不若与人。"

曰："与少乐乐，与众乐乐，孰乐？"

曰："不若与众。"

"臣请为王言乐：

"今王鼓乐于此，百姓闻王钟鼓之声，管龠之音，举疾首蹙頞而相告曰：'吾王之好鼓乐，夫何使我至于此极也？父子不相见，兄弟妻子离散。'

"今王田猎于此，百姓闻王车马之音，见羽旄之美，举疾首蹙頞而相告曰：'吾王之好田猎，夫何使我至于此极也？父子不相见，兄弟妻子离散。'此无他，不与民同乐也。

"今王鼓乐于此，百姓闻王钟鼓之声，管龠之音，举欣欣然有喜色而相告曰：'吾王庶几无疾病与？何以能鼓乐也？'

"今王田猎于此，百姓闻王车马之音，见羽旄之美，举欣欣然有喜色而相告曰'吾王庶几无疾病与？何以能田猎也？'——此无他，与民同乐也。

"今王与百姓同乐，则王矣。"（《梁惠王》）

高子曰："禹之声，尚文王之声。"

孟子曰："何以言之？"

曰："以追蠡。"

曰："是奚足哉？城门之轨，两马之力与？"（《尽心》）

齐宣王见孟子于雪宫。

王曰："贤者亦有此乐乎？"

孟子对曰："有。人不得，则非其上矣。

"不得而非其上者，非也；为民上而不与民同乐者，亦非也。乐民之乐者，民亦乐其乐；忧民之忧者，民亦忧其忧。乐以天下，忧以天下，然而不王者，未之有也。

"昔者齐景公问于晏子，曰：'吾欲观于转附、朝儛，遵海而南，放于琅邪。吾何修而可以比于先王观也？'

"晏子对曰：'善哉问也！天子适诸侯曰巡狩，巡狩者，巡所守也；诸侯朝于天子曰述职，述职者，述所职也。无非事者。春省耕而补不足，秋省敛而助不给。夏谚曰：'吾王不游，吾何以休？吾王不豫，吾何以助？一游一豫，为诸侯度。'

"今也不然。师行而粮食，饥者弗食，劳者弗息。睊睊胥谗，民乃作慝。方命虐民，饮食若流，流连荒亡，为诸侯忧。

"从流下而忘反，谓之流；从流上而忘反，谓之连；从兽无厌，谓之荒；乐酒无厌，谓之亡。先王无流连之乐，荒亡之行。惟君所行也。'

"景公说，大戒于国，出舍于郊，于是始兴发补不足。召大师曰：'为我作君臣相说之乐！'盖《徵招》《角招》是也。其诗曰：'畜君何尤？'畜君者，好君也。"（《梁惠王》）

齐宣王问曰："文王之囿方七十里,有诸?"

孟子对曰："于传有之。"

曰："若是其大乎?"

曰："民犹以为小也。"

曰："寡人之囿方四十里,民犹以为大,何也?"

曰："文王之囿方七十里,刍荛者往焉,雉兔者往焉,与民同之。民以为小,不亦宜乎?臣始至于境,问国之大禁,然后敢入。臣闻郊关之内,有囿方四十里,杀其麋鹿者如杀人之罪。则是方四十里,为阱于国中,民以为大,不亦宜乎?"(《梁惠王》)

孟子曰："诸侯之宝三:土地,人民,政事。宝珠玉者,殃必及身。"(《尽心》)

孟子曰："不信仁贤,则国空虚。无礼义,则上下乱。无政事,则财用不足。"(《尽心》)

孟子曰："为政不难,不得罪于巨室。巨室之所慕,一国慕之;一国之所慕,天下慕之;故沛然德教溢乎四海。"(《离娄》)

子产听郑国之政,以其乘舆济人于溱洧。

孟子曰："惠而不知为政。岁十一月徒杠成,十二月舆梁成,民未病涉也。君子平其政,行辟人可也。焉得人人而济

之?故为政者,每人而悦之,日亦不足矣。"(《离娄》)

盆成括仕于齐。孟子曰:"死矣盆成括!"

盆成括见杀。门人问曰:"夫子何以知其将见杀?"

曰:"其为人也小有才,未闻君子之大道也,则足以杀其躯而已矣。"(《尽心》)

四

孟子曰:"五霸者,三王之罪人也;今之诸侯,五霸之罪人也;今之大夫,今之诸侯之罪人也。

"天子适诸侯曰巡狩,诸侯朝于天子曰述职。春省耕而补不足,秋省敛而助不给。入其疆,土地辟,田野治,养老尊贤,俊杰在位,则有庆,庆以地。入其疆,土地荒芜,遗老失贤,掊克在位,则有让。一不朝,则贬其爵;再不朝,则削其地;三不朝,则六师移之。是故天子讨而不伐,诸侯伐而不讨。五霸者,搂诸侯以伐诸侯者也,故曰:五霸者,三王之罪人也。

"五霸,桓公为盛。葵丘之会诸侯,束牲、载书而不歃血。初命曰:'诛不孝,无易树子,无以妾为妻。'再命曰:'尊贤育才,以彰有德。'三命曰:'敬老慈幼,无忘宾旅。'四命曰：'士无世官，官事无摄，取士必得，无专杀大夫。'五命曰：'无曲防，无遏籴，无有封而不告。'曰：'凡我同盟之人，既盟之后，言归于好。'今之诸侯，皆犯此五禁，故曰：今之诸侯，五霸之罪人也。

"长君之恶其罪小，逢君之恶其罪大。今之大夫，皆逢君之恶，故曰：今之大夫，今之诸侯之罪人也。"（《告子》）

孟子曰："今之事君者曰：'我能为君辟土地，充府库。'今之所谓良臣，古之所谓民贼也。君不乡道，不志于仁，而求富之，是富桀也。'我能为君约与国，战必克。'今之所谓良臣，古之所谓民贼也。君不乡道，不志于仁，而求为之强战，是辅桀也。由今之道，无变今之俗，虽与之天下，不能一朝居也。"（《告子》）

孟子曰："有布缕之征，粟米之征，力役之征。君子用其一，缓其二。用其二而民有殍，用其三而父子离。"（《尽心》）

孟子曰："求也为季氏宰，无能改于其德，而赋粟倍他日。孔子曰：'求非我徒也，小子鸣鼓而攻之可也。'

"由此观之，君不行仁政而富之，皆弃于孔子者也。况于为之强战？争地以战，杀人盈野；争城以战，杀人盈城。此所谓率土地而食人肉，罪不容于死。

"故善战者服上刑,连诸侯者次之,辟草莱、任土地者次之。"(《离娄》)

白圭曰:"吾欲二十而取一,何如?"

孟子曰:"子之道,貉道也。万室之国,一人陶,则可乎?"

曰:"不可,器不足用也。"

曰:"夫貉,五谷不生,惟黍生之。无城郭、宫室、宗庙、祭祀之礼,无诸侯币帛饔飧,无百官有司,故二十取一而足也。今居中国,去人伦,无君子,如之何其可也?陶以寡,且不可以为国,况无君子乎?欲轻之于尧舜之道者,大貉小貉也;欲重之于尧舜之道者,大桀小桀也。"(《告子》)

白圭曰:"丹之治水也愈于禹。"

孟子曰:"子过矣。禹之治水,水之道也。是故禹以四海为壑,今吾子以邻国为壑。水逆行,谓之洚水。洚水者,洪水也,仁人之所恶也。吾子过矣。"(《告子》)

孟子曰:"古之为关也,将以御暴。今之为关也,将以为暴。"(《尽心》)

戴盈之曰:"什一,去关市之征,今兹未能。请轻之,以待来年,然后已,何如?"

孟子曰:"今有人日攘其邻之鸡者,或告之曰:'是非君

子之道。'曰：'请损之，月攘一鸡，以待来年，然后已。'如知其非义，斯速已矣，何待来年。"（《滕文公》）

孟子曰："有人曰：'我善为陈，我善为战。'大罪也。国君好仁，天下无敌焉。南面而征北狄怨，东面而征西夷怨。曰：'奚为后我？'

"武王之伐殷也，革车三百两，虎贲三千人。王曰：'无畏！宁尔也，非敌百姓也。'若崩厥角稽首。

"征之为言正也，各欲正己也，焉用战？"（《尽心》）

孟子曰："尽信《书》，则不如无《书》。吾于《武成》，取二三策而已矣。仁人无敌于天下。以至仁伐至不仁，而何其血之流杵也？"（《尽心》）

鲁欲使慎子为将军。

孟子曰："不教民而用之，谓之殃民。殃民者，不容于尧舜之世。一战胜齐，遂有南阳，然且不可。"

慎子勃然不悦曰："此则滑厘所不识也。"

曰："吾明告子。天子之地方千里；不千里，不足以待诸侯。诸侯之地方百里；不百里，不足以守宗庙之典籍。周公之封于鲁，为方百里也；地非不足，而俭于百里。太公之封于齐也，亦为方百里也；地非不足也，而俭于百里。今鲁方百里者五，子以为有王者作，则鲁在所损乎？在所益乎？

"徒取诸彼以与此,然且仁者不为,况于杀人以求之乎?君子之事君也,务引其君以当道,志于仁而已。"(《告子》)

孟子曰:"不仁哉,梁惠王也!仁者以其所爱及其所不爱,不仁者以其所不爱及其所爱。"

公孙丑曰:"何谓也?"

"梁惠王以土地之故,糜烂其民而战之,大败,将复之,恐不能胜,故驱其所爱子弟以殉之,是之谓以其所不爱及其所爱也。"(《尽心》)

孟子曰:"吾今而后知杀人亲之重也:杀人之父,人亦杀其父;杀人之兄,人亦杀其兄。然则非自杀之也,一间耳。"(《尽心》)

五

齐宣王问曰:"交邻国有道乎?"

孟子对曰:"有。惟仁者为能以大事小,是故汤事葛,文王事昆夷;惟智者为能以小事大,故大王事獯鬻,勾践事吴。

"以大事小者,乐天者也;以小事大者,畏天者也。乐天者保天下,畏天者保其国。

"《诗》云:'畏天之威,于时保之。'"

王曰:"大哉言矣!寡人有疾,寡人好勇。"

对曰:"王请无好小勇。夫抚剑疾视曰:'彼恶敢当我哉?'此匹夫之勇,敌一人者也。王请大之。

"《诗》云:'王赫斯怒,爰整其旅,以遏徂莒,以笃周祜,以对于天下。'此文王之勇也。文王一怒而安天下之民。

"《书》曰:'天降下民,作之君,作之师。惟曰其助上帝,宠之四方。有罪无罪,惟我在,天下曷敢有越厥志?'一人衡行于天下,武王耻之。此武王之勇也。而武王亦一怒而安天下之民。

"今王亦一怒而安天下之民,民惟恐王之不好勇也。"(《梁惠王》)

沈同以其私问曰:"燕可伐与?"

孟子曰:"可。子哙不得与人燕,子之不得受燕于子哙。有仕于此,而子悦之,不告于王而私与之吾子之禄爵;夫士也,亦无王命而私受之于子,则可乎?何以异于是?"

齐人伐燕。

或问曰:"劝齐伐燕,有诸?"

曰:"未也。沈同问'燕可伐与'?吾应之曰'可',彼然而伐之也。彼如曰'孰可以伐之'?则将应之曰:'为天吏，则可以伐之。'今有杀人者，或问之曰'人可杀与'？则将应之曰'可'。彼如曰'孰可以杀之'？则将应之曰：'为士师，则可以杀之。'今以燕伐燕，何为劝之哉？"（《公孙丑》）

齐人伐燕，胜之。

宣王问曰："或谓寡人勿取，或谓寡人取之。以万乘之国伐万乘之国，五旬而举之，人力不至于此。不取，必有天殃。取之，何如？"

孟子对曰："取之而燕民悦，则取之。古之人有行之者，武王是也。取之而燕民不悦，则勿取。古之人有行之者，文王是也。

"以万乘之国伐万乘之国，箪食壶浆，以迎王师。岂有他哉？避水火也。如水益深，如火益热，亦运而已矣。"（《梁惠王》）

齐人伐燕，取之。诸侯将谋救燕。

宣王曰："诸侯将谋伐寡人者，何以待之？"

孟子对曰："臣闻七十里为政于天下事，汤是也。未闻以千里畏人者也。

"《书》曰：'汤一征，自葛始。'天下信之，东面而征，西夷怨；南面而征，北狄怨，曰：'奚为后我？'民望

之,若大旱之望云霓也。归市者不止,耕者不变,诛其君而吊其民,若时雨降。民大悦。《书》曰:'徯我后,后来其苏。'

"今燕虐其民,王往而征之,民以为将拯己于水火之中也,箪食壶浆以迎王师。若杀其父兄,系累其子弟,毁其宗庙,迁其重器,如之何其可也?天下固畏齐之强也,今又倍地而不行仁政,是动天下之兵也。

"王速出令,反其旄倪,止其重器,谋于燕众,置君而后去之,则犹可及止也。"(《梁惠王》)

燕人畔。王曰:"吾甚惭于孟子。"

陈贾曰:"王无患焉。王自以为与周公,孰仁且智?"

王曰:"恶!是何言也?"

曰:"周公使管叔监殷,管叔以殷畔。知而使之,是不仁也;不知而使之,是不智也。仁智,周公未之尽也,而况于王乎?贾请见而解之。"

见孟子问曰:"周公何人也?"

曰:"古圣人也。"

曰:"使管叔监殷,管叔以殷畔也,有诸?"

曰:"然。"

曰:"周公知其将畔而使之与?"

曰："不知也。"

"然则圣人且有过与？"

曰："周公，弟也；管叔，兄也。周公之过，不亦宜乎？且古之君子，过则改之；今之君子，过则顺之。古之君子，其过也，如日月之食，民皆见之；及其更也，民皆仰之。今之君子，岂徒顺之，又从为之辞。"（《公孙丑》）

邹与鲁鬨。穆公问曰："吾有司死者三十三人，而民莫之死也。诛之，则不可胜诛；不诛，则疾视其长上之死而不救，如之何则可也？"

孟子对曰："凶年饥岁，君之民老弱转乎沟壑，壮者散而之四方者，几千人矣；而君之仓廪实，府库充，有司莫以告，是上慢而残下也。曾子曰：'戒之戒之，出乎尔者，反乎尔者也！'夫民今而后得反之也，君无尤焉。

"君行仁政，斯民亲其上，死其长矣。"（《梁惠王》）

滕文公问曰："滕，小国也，间于齐楚。事齐乎？事楚乎？"

孟子对曰："是谋非吾所能及也。无已，则有一焉：凿斯池也，筑斯城也，与民守之，效死而民弗去，则是可为也。"（《梁惠王》）

滕文公问曰："齐人将筑薛，吾甚恐。如之何则可？"

孟子对曰:"昔者大王居邠,狄人侵之,去之岐山之下居焉。非择而取之,不得已也。

"苟为善,后世子孙必有王者矣。君子创业垂统,为可继也。若夫成功,则天也。君如彼何哉?强为善而已矣。"(《梁惠王》)

滕文公问曰:"滕,小国也。竭力以事大国,则不得免焉。如之何则可?"

孟子对曰:"昔者大王居邠,狄人侵之。事之以皮币,不得免焉;事之以犬马,不得免焉;事之以珠玉,不得免焉。乃属其耆老而告之曰:'狄人之所欲者,吾土地也。吾闻之也:君子不以其所以养人者害人。二三子何患乎无君?我将去之。'去邠,逾梁山,邑于岐山之下居焉。邠人曰:'仁人也,不可失也。'从之者如归市。

"或曰:'世守也,非身之所能为也。效死勿去。'

"君请择于斯二者。"(《梁惠王》)

万章问曰:"宋,小国也。今将行王政,齐楚恶而伐之,则如之何?"

孟子曰:"汤居亳,与葛为邻,葛伯放而不祀。汤使人问之曰:'何为不祀?'曰:'无以供牺牲也。'汤使遗之牛羊。葛伯食之,又不以祀。汤又使人问之曰:'何为不祀?'

曰：'无以供粢盛也。'汤使亳众往为之耕，老弱馈食。葛伯率其民，要其有酒食黍稻者夺之，不授者杀之。有童子以黍肉饷，杀而夺之。《书》曰：'葛伯仇饷。'此之谓也。

"为其杀是童子而征之，四海之内皆曰：'非富天下也，为匹夫匹妇复雠也。'

"'汤始征，自葛载'，十一征而无敌于天下。东面而征，西夷怨；南面而征，北狄怨，曰：'奚为后我？'民之望之，若大旱之望雨也。归市者弗止，芸者不变，诛其君，吊其民，如时雨降。民大悦。《书》曰：'徯我后，后来其无罚。'

"'有攸不惟臣，东征，绥厥士女，篚厥玄黄，绍我周王见休，惟臣附于大邑周。'其君子实玄黄于篚以迎其君子，其小人箪食壶浆以迎其小人，救民于水火之中，取其残而已矣。

"《太誓》曰：'我武惟扬，侵于之疆，则取于残，杀伐用张，于汤有光。'

"不行王政云尔，苟行王政，四海之内皆举首而望之，欲以为君。齐楚虽大，何畏焉？"（《滕文公》）

六

孟子见齐宣王曰:"所谓故国者,非谓有乔木之谓也,有世臣之谓也。王无亲臣矣,昔者所进,今日不知其亡也。"

王曰:"吾何以识其不才而舍之?"

曰:"国君进贤,如不得已,将使卑逾尊,疏逾戚,可不慎与?

"左右皆曰贤,未可也;诸大夫皆曰贤,未可也;国人皆曰贤,然后察之;见贤焉,然后用之。

"左右皆曰不可,勿听;诸大夫皆曰不可,勿听;国人皆曰不可,然后察之;见不可焉,然后去之。

"左右皆曰可杀,勿听;诸大夫皆曰可杀,勿听;国人皆曰可杀,然后察之;见可杀焉,然后杀之。故曰,国人杀之也。如此,然后可以为民父母。"(《梁惠王》)

孟子曰:"人不足与适也,政不足间也,惟大人为能格君心之非。君仁莫不仁;君义莫不义;君正莫不正。一正君而国定矣。"(《离娄》)

孟子谓戴不胜曰:"子欲子之王之善与?我明告子。

"有楚大夫于此,欲其子之齐语也,则使齐人傅诸?使楚人傅诸?"

曰:"使齐人傅之。"

曰:"一齐人傅之,众楚人咻之,虽日挞而求其齐也,不可得矣。引而置之庄岳之间数年,虽日挞而求其楚,亦不可得矣。

"子谓薛居州,善士也。使之居于王所。在于王所者,长幼卑尊,皆薛居州也,王谁与为不善?在王所者,长幼卑尊,皆非薛居州也,王谁与为善?一薛居州,独如宋王何?"(《滕文公》)

孟子之平陆。谓其大夫曰:"子之持戟之士,一日而三失伍,则去之否乎?"

曰:"不待三。"

"然则子之失伍也亦多矣。凶年饥岁,子之民,老羸转于沟壑,壮者散而之四方者,几千人矣。"

曰:"此非距心之所得为也。"

曰:"今有受人之牛羊而为之牧之者,则必为之求牧与刍矣。求牧与刍而不得,则反诸其人乎?抑亦立而视其死与?"

曰:"此则距心之罪也。"

他日,见于王曰:"王之为都者,臣知五人焉。知其罪者,惟孔距心。为王诵之。"王曰:"此则寡人之罪也。"(《公孙丑》)

孟子谓齐宣王曰:"王之臣有托其妻子于其友,而之楚游者。比其反也,则冻馁其妻子,则如之何?"

王曰:"弃之。"

曰:"士师不能治士,则如之何?"

王曰:"已之。"曰:"四境之内不治,则如之何?"

王顾左右而言他。(《梁惠王》)

齐宣王问卿。

孟子曰:"王何卿之问也?"

王曰:"卿不同乎?"

曰:"不同。有贵戚之卿,有异姓之卿。"

王曰:"请问贵戚之卿。"

曰:"君有大过则谏,反复之而不听,则易位。"

王勃然变乎色。

曰:"王勿异也。王问臣,臣不敢不以正对。"

王色定,然后请问异姓之卿。

曰:"君有过则谏,反复之而不听,则去。"(《万章》)

孟子曰:"民为贵,社稷次之,君为轻。是故得乎丘民而为天子,得乎天子为诸侯,得乎诸侯为大夫。

"诸侯危社稷,则变置。

"牺牲既成，粢盛既洁，祭祀以时，然而旱干水溢，则变置社稷。"（《尽心》）

齐宣王问曰："汤放桀，武王伐纣，有诸？"

孟子对曰："于传有之。"

曰："臣弑其君可乎？"

曰："贼仁者谓之贼，贼义者谓之残，残贼之人谓之一夫。闻诛一夫纣矣，未闻弑君也。"（《梁惠王》）

万章曰："尧以天下与舜，有诸？"

孟子曰："否。天子不能以天下与人。"

"然则舜有天下也，孰与之？"

曰："天与之。"

"天与之者，谆谆然命之乎？"

曰："否。天不言，以行与事示之而已矣。"

曰："以行与事示之者如之何？"

曰："天子能荐人于天，不能使天与之天下；诸侯能荐人于天子，不能使天子与之诸侯；大夫能荐人于诸侯，不能使诸侯与之大夫。昔者尧荐舜于天而天受之，暴之于民而民受之，故曰：天不言，以行与事示之而已矣。"

曰："敢问荐之于天而天受之，暴之于民而民受之，如何？"

曰:"使之主祭而百神享之,是天受之;使之主事而事治,百姓安之,是民受之也。天与之,人与之,故曰:天子不能以天下与人。

"舜相尧二十有八载,非人之所能为也,天也。尧崩,三年之丧毕,舜避尧之子于南河之南。天下诸侯朝觐者,不之尧之子而之舜;讼狱者,不之尧之子而之舜;讴歌者,不讴歌尧之子而讴歌舜,故曰,天也。夫然后之中国,践天子位焉。而居尧之宫,逼尧之子,是篡也,非天与也。

"《太誓》曰:'天视自我民视,天听自我民听。'此之谓也。"(《万章》)

万章问曰:"人有言:'至于禹而德衰,不传于贤而传于子。'有诸?"

孟子曰:"否,不然也。天与贤,则与贤;天与子,则与子。

"昔者舜荐禹于天,十有七年,舜崩。三年之丧毕,禹避舜之子于阳城。天下之民从之,若尧崩之后,不从尧之子而从舜也。

"禹荐益于天,七年,禹崩。三年之丧毕,益避禹之子于箕山之阴。朝觐讼狱者不之益而之启,曰:'吾君之子也。'讴歌者不讴歌益而讴歌启,曰:'吾君之子也。'

"丹朱之不肖，舜之子亦不肖。舜之相尧，禹之相舜也，历年多，施泽于民久。启贤，能敬承继禹之道。益之相禹也，历年少，施泽于民未久。舜、禹、益相去久远，其子之贤不肖，皆天也，非人之所能为也。莫之为而为者，天也；莫之致而至者，命也。

"匹夫而有天下者，德必若舜禹，而又有天子荐之者，故仲尼不有天下。

"继世以有天下，天之所废，必若桀纣者也，故益、伊尹、周公不有天下。

"伊尹相汤以王于天下。汤崩，太丁未立，外丙二年，仲壬四年。太甲颠覆汤之典刑，伊尹放之于桐。三年，太甲悔过，自怨自艾，于桐处仁迁义；三年，以听伊尹之训己也，复归于亳。

"周公之不有天下，犹益之于夏，伊尹之于殷也。

"孔子曰：'唐虞禅，夏后殷周继，其义一也。'"（《万章》）

《孟子比谊》卷四终

卷五　出处辞受

一

孟子谓万章曰:"一乡之善士,斯友一乡之善士;一国之善士,斯友一国之善士;天下之善士,斯友天下之善士。以友天下之善士为未足,又尚论古之人。颂其诗,读其书,不知其人,可乎?是以论其世也。是尚友也。"(《万章》)

公都子曰:"滕更之在门也,若在所礼。而不答,何也?"

孟子曰:"挟贵而问,挟贤而问,挟长而问,挟有勋劳而问,挟故而问,皆所不答也。滕更有二焉。"(《尽心》)

万章问曰:"敢问友。"

孟子曰:"不挟长,不挟贵,不挟兄弟而友。友也者,友其德也,不可以有挟也。

"孟献子，百乘之家也，有友五人焉：乐正裘、牧仲，其三人，则予忘之矣。献子之与此五人者友也，无献子之家者也。此五人者，亦有献子之家，则不与之友矣。

"非惟百乘之家为然也。虽小国之君亦有之。费惠公曰：'吾于子思，则师之矣；吾于颜般，则友之矣；王顺、长息则事我者也。'

"非惟小国之君为然也，虽大国之君亦有之。晋平公之于亥唐也，入云则入，坐云则坐，食云则食。虽疏食菜羹，未尝不饱，盖不敢不饱也。然终于此而已矣。弗与共天位也，弗与治天职也，弗与食天禄也，士之尊贤者也，非王公之尊贤也。

"舜尚见帝，帝馆甥于贰室，亦飨舜，迭为宾主，是天子而友匹夫也。

"用下敬上，谓之贵贵；用上敬下，谓之尊贤。贵贵、尊贤，其义一也。"（《万章》）

逢蒙学射于羿，尽羿之道，思天下惟羿为愈己，于是杀羿。孟子曰："是亦羿有罪焉。"

公明仪曰："宜若无罪焉。"

曰："薄乎云尔，恶得无罪？郑人使子濯孺子侵卫，卫使庾公之斯追之。子濯孺子曰：'今日我疾作，不可以执弓，吾死矣夫！'问其仆曰：'追我者谁也？'其仆曰：'庾公之斯也。'曰：'吾生矣。'其仆曰：'庾公之斯，卫之善射者也，夫子曰"吾生"，何谓也？'曰：'庾公之斯学射于尹公之他，尹公之他学射于我。夫尹公之他，端人也，其取友必端矣。'庾公之斯至，曰：'夫子何为不执弓？'曰：'今日我疾作，不可以执弓。'曰：'小人学射于尹公之他，尹公之他学射于夫子。我不忍以夫子之道反害夫子。虽然，今日之事，君事也，我不敢废。'抽矢扣轮，去其金，发乘矢而后反。"（《离娄》）

万章问曰："敢问交际何心也？"

孟子曰："恭也。"

曰："却之却之为不恭，何哉？"

曰："尊者赐之，曰'其所取之者，义乎，不义乎'，而后受之，以是为不恭，故弗却也。"

曰："请无以辞却之，以心却之，曰'其取诸民之不义也'，而以他辞无受，不可乎？"

曰："其交也以道，其接也以礼，斯孔子受之矣。"

万章曰："今有御人于国门之外者，其交也以道，其馈也以礼，斯可受御与？"

曰："不可。《康诰》曰：'杀越人于货，闵不畏死，凡民罔不譈。'是不待教而诛者也。殷受夏，周受殷，所不辞也。于今为烈,如之何其受之?"

曰:"今之诸侯取之于民也,犹御也。苟善其礼际矣,斯君子受之,敢问何说也?"

曰:"子以为有王者作,将比今之诸侯而诛之乎?其教之不改而后诛之乎?夫谓非其有而取之者盗也,充类至义之尽也。孔子之仕于鲁也,鲁人猎较,孔子亦猎较。猎较犹可,而况受其赐乎?"

曰:"然则孔子之仕也,非事道与?"

曰:"事道也。"

"事道奚猎较也?"

曰:"孔子先簿正祭器,不以四方之食供簿正。"

曰:"奚不去也?"

曰:"为之兆也。兆足以行矣,而不行,而后去,是以未尝有所终三年淹也。孔子有见行可之仕,有际可之仕,有公养之仕也。于季桓子,见行可之仕也;于卫灵公,际可之仕也;于卫孝公,公养之仕也。"(《万章》)

万章问曰:"或谓孔子于卫主痈疽,于齐主侍人瘠环,有诸乎?"

孟子曰:"否,不然也。好事者为之也。

"于卫主颜雠由。弥子之妻与子路之妻,兄弟也。弥子谓子路曰：'孔子主我，卫卿可得也。'子路以告。孔子曰：'有命。'孔子进以礼，退以义，得之不得曰'有命'。而主痈疽与侍人瘠环，是无义无命也。

"孔子不悦于鲁卫，遭宋桓司马将要而杀之，微服而过宋。是时孔子当阨，主司城贞子，为陈侯周臣。

"吾闻观近臣，以其所为主；观远臣，以其所主。若孔子主痈疽与侍人瘠环，何以为孔子？"（《万章》）

孟子曰："君子之厄于陈蔡之间，无上下之交也。"（《尽心》）

孟子曰："食而弗爱，豕交之也；爱而不敬，兽畜之也。恭敬者，币之未将者也。恭敬而无实，君子不可虚拘。"（《尽心》）

周霄问曰："古之君子仕乎？"

孟子曰："仕。传曰：'孔子三月无君，则皇皇如也，出疆必载质。'公明仪曰：'古之人三月无君则吊。'"

"三月无君则吊，不以急乎？"

曰："士之失位也，犹诸侯之失国家也。礼曰：'诸侯耕助，以供粢盛；夫人蚕缫，以为衣服。牺牲不成，粢盛不洁，衣服不备，不敢以祭。惟士无田，则亦不祭。'牲杀、器皿、衣服不备，不敢以祭，则不敢以宴，亦不足吊乎？"

"出疆必载质，何也？"

曰："士之仕也，犹农夫之耕也，农夫岂为出疆舍其耒耜哉？"

曰："晋国亦仕国也，未尝闻仕如此其急。仕如此其急也，君子之难仕，何也？"

曰："丈夫生而愿为之有室，女子生而愿为之有家。父母之心，人皆有之。不待父母之命、媒妁之言，钻穴隙相窥，逾墙相从，则父母国人皆贱之。古之人未尝不欲仕也，又恶不由其道。不由其道而往者，与钻穴隙之类也。"（《滕文公》）

陈子曰："古之君子，何如则仕？"

孟子曰："所就三，所去三。迎之致敬以有礼，言将行其言也，则就之；礼貌未衰，言弗行也，则去之。其次，虽未行其言也，迎之致敬以有礼，则就之；礼貌衰，则去之。其下，朝不食，夕不食，饥饿不能出门户。君闻之曰：'吾大者不能行其道，又不能从其言也，使饥饿于我土地，吾耻之。'周之，亦可受也，免死而已矣。"（《告子》）

任人有问屋庐子曰："礼与食孰重？"

曰："礼重。"

"色与礼孰重？"

曰："礼重。"

曰:"以礼食,则饥而死;不以礼食,则得食,必以礼乎?亲迎,则不得妻;不亲迎,则得妻,必亲迎乎?"

屋庐子不能对,明日之邹以告孟子。

孟子曰:"于答是也何有?不揣其本而齐其末,方寸之木可使高于岑楼。金重于羽者,岂谓一钩金与一舆羽之谓哉?取食之重者,与礼之轻者而比之,奚翅食重?取色之重者,与礼之轻者而比之,奚翅色重?

"往应之曰:'紾兄之臂而夺之食,则得食;不紾,则不得食,则将紾乎?踰东家墙而搂其处子,则得妻;不搂,则不得妻,则将搂之乎?'"(《告子》)

孟子曰:"仕非为贫也,而有时乎为贫;娶妻非为养也,而有时乎为养。

"为贫者,辞尊居卑,辞富居贫。辞尊居卑,辞富居贫,恶乎宜乎?抱关击柝。孔子尝为委吏矣,曰'会计当而已矣'。尝为乘田矣,曰'牛羊茁壮,长而已矣'。

"位卑而言高,罪也;立乎人之本朝,而道不行,耻也。"(《万章》)

万章曰:"士之不托诸侯,何也?"

孟子曰:"不敢也。诸侯失国,而后托于诸侯,礼也;士之托于诸侯,非礼也。"

万章曰:"君馈之粟,则受之乎?"

曰:"受之。"

"受之何义也?"

曰:"君之于氓也,固周之。"

曰:"周之则受,赐之则不受,何也?"

曰:"不敢也。"

曰:"敢问其不敢何也?"

曰:"抱关击柝者,皆有常职以食于上。无常职而赐于上者,以为不恭也。"

曰:"君馈之,则受之,不识可常继乎?"

曰:"缪公之于子思也,亟问,亟馈鼎肉。子思不悦。于卒也,摽使者出诸大门之外,北面稽首再拜而不受。曰:'今而后知君之犬马畜伋。'盖自是台无馈也。悦贤不能举,又不能养也,可谓悦贤乎?"

曰:"敢问国君欲养君子,如何斯可谓养矣?"

曰:"以君命将之,再拜稽首而受。其后廪人继粟,庖人继肉,不以君命将之。子思以为鼎肉,使己仆仆尔亟拜也,非养君子之道也。尧之于舜也,使其子九男事之,二女女焉,百官牛羊仓廪备,以养舜于畎亩之中,后举而加诸上位。故曰:'王公之尊贤者也。'"(《万章》)

万章曰:"敢问不见诸侯,何义也?"

孟子曰:"在国曰市井之臣,在野曰草莽之臣,皆谓庶人。庶人不传质为臣,不敢见于诸侯,礼也。"

万章曰:"庶人,召之役,则往役;君欲见之,召之,则不往见之,何也?"

曰:"往役,义也;往见,不义也。且君之欲见之也,何为也哉?"

曰:"为其多闻也,为其贤也。"

曰:"为其多闻也,则天子不召师,而况诸侯乎?为其贤也,则吾未闻欲见贤而召之也。

"缪公亟见于子思,曰:'古千乘之国以友士,何如?'子思不悦,曰:'古之人有言曰:事之云乎,岂曰友之云乎?'子思之不悦也,岂不曰:'以位,则子,君也;我,臣也。何敢与君友也?以德,则子事我者也。奚可以与我友?'千乘之君求与之友,而不可得也,而况可召与?

"齐景公田,招虞人以旌,不至,将杀之。志士不忘在沟壑,勇士不忘丧其元。孔子奚取焉?取非其招不往也。"

曰:"敢问招虞人何以?"

曰:"以皮冠。庶人以旃,士以旂,大夫以旌。以大夫之招招虞人,虞人死不敢往。以士之招招庶人,庶人岂敢往哉。

况乎以不贤人之招招贤人乎?

"欲见贤人而不以其道,犹欲其入而闭之门也。夫义,路也;礼,门也。惟君子能由是路,出入是门也。《诗》云:'周道如底,其直如矢;君子所履,小人所视。'"

万章曰:"孔子,君命召,不俟驾而行。然则孔子非与?"

曰:"孔子当仕有官职,而以其官召之也。"(《万章》)

公孙丑问曰:"不见诸侯何义?"

孟子曰:"古者不为臣不见。段干木踰垣而辟之,泄柳闭门而不内,是皆已甚。迫,斯可以见矣。阳货欲见孔子而恶无礼,大夫有赐于士,不得受于其家,则往拜其门。阳货瞯孔子之亡也,而馈孔子蒸豚;孔子亦瞯其亡也,而往拜之。当是时,阳货先,岂得不见?

"曾子曰:'胁肩谄笑,病于夏畦。'子路曰:'未同而言,观其色赧赧然,非由之所知也。'由是观之,则君子之所养可知已矣。"(《滕文公》)

陈代曰:"不见诸侯,宜若小然;今一见之,大则以王,小则以霸。且志曰:'枉尺而直寻',宜若可为也。"

孟子曰:"昔齐景公田,招虞人以旌,不至,将杀之。志士不忘在沟壑，勇士不忘丧其元。孔子奚取焉？取非其招不往也，如不待其招而往，何哉？

"且夫枉尺而直寻者，以利言也。如以利，则枉寻直尺而利，亦可为与？

"昔者赵简子使王良与嬖奚乘，终日而不获一禽。嬖奚反命曰：'天下之贱工也。'或以告王良。良曰：'请复之。'强而后可，一朝而获十禽。嬖奚反命曰：'天下之良工也。'简子曰：'我使掌与女乘。'谓王良。良不可，曰：'吾为之范我驰驱，终日不获一；为之诡遇，一朝而获十。《诗》云："不失其驰，舍矢如破。"我不贯与小人乘，请辞。'御者且羞与射者比。比而得禽兽，虽若丘陵，弗为也。如枉道而从彼，何也？且子过矣，枉己者，未有能直人者也。"（《滕文公》）

公孙丑曰："《诗》曰'不素餐兮'，君子之不耕而食，何也？"

孟子曰："君子居是国也，其君用之，则安富尊荣；其子弟从之，则孝弟忠信。'不素餐兮'，孰大于是？"（《尽心》）

彭更问曰："后车数十乘，从者数百人，以传食于诸侯，不以泰乎？"

孟子曰："非其道，则一箪食不可受于人；如其道，则舜受尧之天下，不以为泰，子以为泰乎？"

曰："否。士无事而食，不可也。"

曰："子不通功易事，以羡补不足，则农有余粟，女有余布；子如通之，则梓匠轮舆皆得食于子。于此有人焉，入则孝，出则悌，守先王之道，以待后之学者，而不得食于子。子何尊梓匠轮舆而轻为仁义者哉？"

曰："梓匠轮舆，其志将以求食也；君子之为道也，其志亦将以求食与！"

曰："子何以其志为哉？其有功于子，可食而食之矣。且子食志乎？食功乎？"

曰："食志。"

曰："有人于此，毁瓦画墁，其志将以求食也，则子食之乎？"

曰："否。"

曰："然则子非食志也，食功也。"（《滕文公》）

孟子见齐宣王曰："为巨室，则必使工师求大木。工师得大木，则王喜，以为能胜其任也。匠人斫而小之，则王怒，以为不胜其任矣。夫人幼而学之，壮而欲行之。王曰'姑舍女所学而从我'，则何如！

"今有璞玉于此，虽万镒，必使玉人雕琢之。至于治国家，则曰'姑舍女所学而从我'，则何以异于教玉人雕琢玉哉？"（《梁惠王》）

孟子告齐宣王曰："君之视臣如手足，则臣视君如腹心；君之视臣如犬马，则臣视君如国人；君之视臣如土芥，则臣视君如寇雠。"

王曰："礼，为旧君有服，何如斯可为服矣？"

曰："谏行言听，膏泽下于民；有故而去，则君使人导之出疆，又先于其所往；去三年不反，然后收其田里。此之谓三有礼焉。如此，则为之服矣。今也为臣。谏则不行，言则不听；膏泽不下于民；有故而去，则君搏执之，又极之于其所往；去之日，遂收其田里。此之谓寇雠。寇雠何服之有？"（《离娄》）

孟子曰："无罪而杀士，则大夫可以去；无罪而戮民，则士可以徙。"（《离娄》）

孟子曰："君仁莫不仁，君义莫不义。"（《离娄》）

《孟子比谊》卷五终

卷六 杂事

一

孟子为卿于齐,出吊于滕,王使盖大夫王驩为辅行。王驩朝暮见,反齐滕之路,未尝与之言行事也。

公孙丑曰:"齐卿之位,不为小矣;齐滕之路,不为近矣。反之而未尝与言行事,何也?"

曰:"夫既或治之,予何言哉?"(《公孙丑》)

公行子有子之丧,右师往吊,入门,有进而与右师言者,有就右师之位而与右师言者。孟子不与右师言,右师不悦曰:"诸君子皆与驩言,孟子独不与驩言,是简驩也。"

孟子闻之,曰:"礼,朝廷不历位而相与言,不踰阶而相揖也。我欲行礼,子敖以我为简,不亦异乎?"(《离娄》)

乐正子从于子敖之齐。乐正子见孟子。孟子曰:"子亦来见我乎?"

曰:"先生何为出此言也?"

曰:"子来几日矣?"

曰:"昔者。"

曰:"昔者,则我出此言也,不亦宜乎?"

曰:"舍馆未定。"

曰:"子闻之也,舍馆定,然后求见长者乎?"

曰:"克有罪。"(《离娄》)

孟子谓乐正子曰:"子之从于子敖来,徒餔啜也。我不意子学古之道,而以餔啜也。"(《离娄》)

淳于髡曰:"男女授受不亲,礼与?"

孟子曰:"礼也。"

曰:"嫂溺则援之以手乎?"

曰:"嫂溺不援,是豺狼也。男女授受不亲,礼也;嫂溺援之以手者,权也。"

曰:"今天下溺矣,夫子之不援,何也?"

曰:"天下溺,援之以道;嫂溺,援之以手。子欲手援天下乎?"(《离娄》)

孟子谓蚳鼃曰:"子之辞灵丘而请士师,似也,为其可以言也。今既数月矣,未可以言与?"

蚳鼃谏于王而不用，致为臣而去。

齐人曰："所以为蚳鼃，则善矣；所以自为，则吾不知也。"

公都子以告。

曰："吾闻之也：有官守者，不得其职则去；有言责者，不得其言则去。我无官守，我无言责也，则吾进退，岂不绰绰然有余裕哉？"（《公孙丑》）

曾子居武城，有越寇。或曰："寇至，盍去诸？"曰："无寓人于我室，毁伤其薪木。"寇退，则曰："修我墙屋，我将反。"寇退，曾子反。左右曰："待先生，如此其忠且敬也。寇至则先去以为民望，寇退则反，殆于不可。"沈犹行曰："是非汝所知也。昔沈犹有负刍之祸，从先生者七十人，未有与焉。"

子思居于卫，有齐寇。或曰："寇至，盍去诸？"子思曰："如伋去，君谁与守？"

孟子曰："曾子、子思同道。曾子，师也，父兄也；子思，臣也，微也。曾子、子思易地则皆然。（《离娄》）

孟子居邹，季任为任处守，以币交，受之而不报。处于平陆，储子为相，以币交，受之而不报。他日由邹之任，见季子；由平陆之齐，不见储子。屋庐子喜曰："连得间矣。"

问曰:"夫子之任见季子,之齐不见储子,为其为相与?"

曰:"非也。书曰:'享多仪,仪不及物曰不享,惟不役志于享。'为其不成享也。"

屋庐子悦。或问之。屋庐子曰:"季子不得之邹,储子得之平陆。"(《告子》)

孟子将朝王,王使人来曰:"寡人如就见者也,有寒疾,不可以风。朝将视朝,不识可使寡人得见乎?"对曰:"不幸而有疾,不能造朝。"

明日,出吊于东郭氏。公孙丑曰:"昔者辞以病,今日吊,或者不可乎?"

曰:"昔者疾,今日愈,如之何不吊?"

王使人问疾,医来。孟仲子对曰:"昔者有王命,有采薪之忧,不能造朝。今病小愈,趋造于朝,我不识能至否乎?"使数人要于路,曰:"请必无归,而造于朝!"

不得已而之景丑氏宿焉。景子曰:"内则父子,外则君臣,人之大伦也。父子主恩,君臣主敬。丑见王之敬子也,未见所以敬王也。"

曰:"恶!是何言也!齐人无以仁义与王言者,岂以仁义为不美也?其心曰'是何足与言仁义也'云尔,则不敬莫大乎是。我非尧舜之道，不敢以陈于王前，故齐人莫如我敬王也。"

景子曰："否，非此之谓也。礼曰：'父召，无诺；君命召，不俟驾。'固将朝也，闻王命而遂不果，宜与夫礼若不相似然。"

曰："岂谓是与？曾子曰：'晋楚之富，不可及也。彼以其富，我以吾仁；彼以其爵，我以吾义，吾何慊乎哉？'夫岂不义而曾子言之？是或一道也。天下有达尊三：爵一，齿一，德一。朝廷莫如爵，乡党莫如齿，辅世长民莫如德。恶得有其一，以慢其二哉？

"故将大有为之君，必有所不召之臣。欲有谋焉，则就之。其尊德乐道，不如是不足与有为也。故汤之于伊尹，学焉而后臣之，故不劳而王；桓公之于管仲，学焉而后臣之，故不劳而霸。今天下地丑德齐，莫能相尚。无他，好臣其所教，而不好臣其所受教。汤之于伊尹，桓公之于管仲，则不敢召。管仲且犹不可召，而况不为管仲者乎？"（《公孙丑》）

齐饥。陈臻曰："国人皆以夫子将复为发棠，殆不可复。"

孟子曰："是为冯妇也。晋人有冯妇者，善搏虎，卒为善士。则之野，有众逐虎。虎负嵎，莫之敢撄。望见冯妇，趋而

迎之。冯妇攘臂下车。众皆悦之，其为士者笑之。"(《尽心》)

孟子致为臣而归。王就见孟子，曰："前日愿见而不可得，得侍，同朝甚喜。今又弃寡人而归，不识可以继此而得见乎？"对曰："不敢请耳，固所愿也。"

他日，王谓时子曰："我欲中国而授孟子室，养弟子以万钟，使诸大夫国人皆有所矜式。子盍为我言之？"

时子因陈子而以告孟子，陈子以时子之言告孟子。

孟子曰："然。夫时子恶知其不可也？如使予欲富，辞十万而受万，是为欲富乎？

"季孙曰：'异哉子叔疑！使己为政，不用，则亦已矣，又使其子弟为卿。人亦孰不欲富贵？而独于富贵之中，有私龙断焉。'

"古之为市也，以其所有易其所无者，有司者治之耳。有贱丈夫焉，必求龙断而登之，以左右望而罔市利。人皆以为贱，故从而征之。征商，自此贱丈夫始矣。"(《公孙丑》)

孟子去齐，宿于昼。有欲为王留行者，坐而言。不应，隐几而卧。

客不悦曰："弟子齐宿而后敢言，夫子卧而不听，请勿复敢见矣。"

曰:"坐!我明语子。昔者鲁缪公无人乎子思之侧,则不能安子思;泄柳、申详,无人乎缪公之侧,则不能安其身。子为长者虑,而不及子思,子绝长者乎?长者绝子乎?"(《公孙丑》)

孟子去齐。尹士语人曰:"不识王之不可以为汤武,则是不明也;识其不可,然且至,则是干泽也。千里而见王,不遇故去。三宿而后出昼,是何濡滞也?士则兹不悦。"

高子以告。

曰:"夫尹士恶知予哉?千里而见王,是予所欲也;不遇故去,岂予所欲哉?予不得已也。

"予三宿而出昼,于予心犹以为速。王庶几改之。王如改诸,则必反予。夫出昼而王不予追也,予然后浩然有归志。予虽然,岂舍王哉?王由足用为善。王如用予,则岂徒齐民安,天下之民举安。王庶几改之,予日望之。

"予岂若是小丈夫然哉?谏于其君而不受,则怒,悻悻然见于其面。去则穷日之力而后宿哉?"

尹士闻之曰:"士诚小人也。"(《公孙丑》)

孟子去齐,居休。公孙丑问曰:"仕而不受禄,古之道乎?"

曰:"非也。于崇,吾得见王。退而有去志,不欲

变,故不受也。继而有师命,不可以请。久于齐,非我志也。"(《公孙丑》)

淳于髡曰:"先名实者,为人也;后名实者,自为也。夫子在三卿之中,名实未加于上下而去之,仁者固如此乎?"

孟子曰:"居下位,不以贤事不肖者,伯夷也;五就汤,五就桀者,伊尹也;不恶污君,不辞小官者,柳下惠也。三子者不同道,其趋一也。一者何也?曰:仁也。君子亦仁而已矣,何必同?"

曰:"鲁缪公之时,公仪子为政,子柳、子思为臣,鲁之削也滋甚。若是乎贤者之无益于国也!"

曰:"虞不用百里奚而亡,秦穆公用之而霸。不用贤则亡,削何可得与?"

曰:"昔者王豹处于淇,而河西善讴;绵驹处于高唐,而齐右善歌;华周、杞梁之妻善哭其夫,而变国俗。有诸内必形诸外。为其事而无其功者,髡未尝睹之也。是故无贤者也,有则髡必识之。"

曰:"孔子为鲁司寇,不用,从而祭,燔肉不至,不税冕而行。不知者以为为肉也。其知者以为为无礼也。乃孔子则欲以微罪行,不欲为苟去。君子之所为,众人固不识也。"(《告子》)

万章问曰:"或曰^①:'百里奚自鬻于秦养牲者,五羊之皮,食牛,以要秦穆公。'信乎?"

孟子曰:"否,不然。好事者为之也。百里奚,虞人也。晋人以垂棘之璧与屈产之乘,假道于虞以伐虢。宫之奇谏,百里奚不谏。知虞公之不可谏而去,之秦,年已七十矣,曾不知以食牛干秦穆公之为污也,可谓智乎?不可谏而不谏,可谓不智乎?知虞公之将亡而先去之,不可谓不智也。时举于秦,知穆公之可与有行也而相之,可谓不智乎?相秦而显其君于天下,可传于后世,不贤而能之乎?自鬻以成其君,乡党自好者不为,而谓贤者为之乎?"(《万章》)

陈臻问曰:"前日于齐,王馈兼金一百而不受;于宋,馈七十镒而受;于薛,馈五十镒而受。前日之不受是,则今日之受非也;今日之受是,则前日之不受非也。夫子必居一于此矣。"

孟子曰:"皆是也。当在宋也,予将有远行。行者必以赆,辞曰:'馈赆。'予何为不受?当在薛也,予有戒心。辞曰:'闻戒故为兵馈之',予何为不受?若于齐,则未有处也。无处而馈之,是货之也。焉有君子而可以货取乎?"(《公孙丑》)

---

① 罗庸石印本无"或曰"。

孟子之滕，馆于上宫。有业屦于牖上，馆人求之弗得。

或问之曰："若是乎从者之廋也？"

曰："子以是为窃屦来与？"

曰："殆非也。夫子之设科也，往者不追，来者不距。苟以是心至，斯受之而已矣。"（《尽心》）

《孟子比谊》卷六终

卷七 异学

有为神农之言者许行，自楚之滕，踵门而告文公曰："远方之人闻君行仁政，愿受一廛而为氓。"文公与之处，其徒数十人，皆衣褐，捆屦、织席以为食。

陈良之徒陈相，与其弟辛，负耒耜而自宋之滕，曰："闻君行圣人之政，是亦圣人也，愿为圣人氓。"陈相见许行而大悦，尽弃其学而学焉。

陈相见孟子，道许行之言曰："滕君，则诚贤君也；虽然，未闻道也。贤者与民并耕而食，饔飧而治。今也滕有仓廪府库，则是厉民而以自养也，恶得贤？"

孟子曰："许子必种粟而后食乎？"

曰："然。"

"许子必织布而后衣乎？"

曰："否。许子衣褐。"

"许子冠乎?"

曰:"冠。"

曰:"奚冠?"

曰:"冠素。"

曰:"自织之与?"

曰:"否。以粟易之。"

曰:"许子奚为不自织?"

曰:"害于耕。"

曰:"许子以釜甑爨,以铁耕乎?"

曰:"然。"

"自为之与?"

曰:"否。以粟易之。"

"以粟易械器者,不为厉陶冶;陶冶亦以其械器易粟者,岂为厉农夫哉?且许子何不为陶冶。舍皆取诸其宫中而用之?何为纷纷然与百工交易?何许子之不惮烦?"

曰:"百工之事,固不可耕且为也。"

"然则治天下独可耕且为与?有大人之事,有小人之事。且一人之身,而百工之所为备。如必自为而后用之,是率天下而路也。故曰:或劳心,或劳力;劳心者治人,劳力者治于人;治于人者食人,治人者食于人,天下之通义也。

"当尧之时，天下犹未平，洪水横流，泛滥于天下。草木畅茂，禽兽繁殖，五谷不登，禽兽偪人。兽蹄鸟迹之道，交于中国。尧独忧之，举舜而敷治焉。舜使益掌火，益烈山泽而焚之，禽兽逃匿。禹疏九河，瀹济漯，而注诸海；决汝汉，排淮泗，而注之江，然后中国可得而食也。当是时也，禹八年于外，三过其门而不入，虽欲耕，得乎？

"后稷教民稼穑。树艺五谷，五谷熟而民人育。人之有道也，饱食、暖衣、逸居而无教，则近于禽兽。圣人有忧之，使契为司徒，教以人伦：父子有亲，君臣有义，夫妇有别，长幼有序，朋友有信。放勋曰：'劳之来之，匡之直之，辅之翼之，使自得之，又从而振德之。'圣人之忧民如此，而暇耕乎？

"尧以不得舜为己忧，舜以不得禹、皋陶为己忧。夫以百亩之不易为己忧者，农夫也。分人以财谓之惠，教人以善谓之忠，为天下得人者谓之仁。是故以天下与人易，为天下得人难。孔子曰：'大哉尧之为君！惟天为大，惟尧则之，荡荡乎民无能名焉！君哉舜也！巍巍乎有天下而不与焉！'尧舜之治天下，岂无所用其心哉？亦不用于耕耳！

"吾闻用夏变夷者，未闻变于夷者也。陈良，楚产也。悦周公、仲尼之道，北学于中国。北方之学者，未能或之先也。

彼所谓豪杰之士也。子之兄弟事之数十年,师死而遂倍之!

"昔者,孔子没,三年之外,门人治任将归,入揖于子贡,相向而哭,皆失声,然后归。子贡反,筑室于场,独居三年,然后归。他日,子夏、子张、子游以有若似圣人,欲以所事孔子事之,强曾子。曾子曰:'不可。江汉以濯之,秋阳以暴之,皜皜乎不可尚已。'

"今也南蛮鴃舌之人,非先王之道,子倍子之师而学之,亦异于曾子矣。吾闻出于幽谷迁于乔木者,未闻下乔木而入于幽谷者。《鲁颂》曰:'戎狄是膺,荆舒是惩。'周公方且膺之,子是之学,亦为不善变矣。"

"从许子之道,则市贾不贰,国中无伪。虽使五尺之童适市,莫之或欺。布帛长短同,则贾相若;麻缕丝絮轻重同,则贾相若;五谷多寡同,则贾相若;屦大小同,则贾相若。"

曰:"夫物之不齐,物之情也;或相倍蓰,或相什伯,或相千万。子比而同之,是乱天下也。巨屦小屦同贾,人岂为之哉?从许子之道,相率而为伪者也,恶能治国家?"(《滕文公》)

匡章曰:"陈仲子岂不诚廉士哉?居于陵,三日不食,耳无闻,目无见也。井上有李,螬食实者过半矣,匍匐往将食之,三咽,然后耳有闻,目有见。"

孟子曰："于齐国之士，吾必以仲子为巨擘焉。虽然，仲子恶能廉？充仲子之操，则蚓而后可者也。夫蚓，上食槁壤，下饮黄泉。仲子所居之室，伯夷之所筑与？抑亦盗跖之所筑与？所食之粟，伯夷之所树与？抑亦盗跖之所树与？是未可知也。"

曰："是何伤哉？彼身织屦，妻辟纑，以易之也。"

曰："仲子，齐之世家也。兄戴，盖禄万钟。以兄之禄为不义之禄而不食也，以兄之室为不义之室而不居也，辟兄离母，处于於陵。他日归，则有馈其兄生鹅者，已频顣曰：'恶用是鶃鶃者为哉？'他日，其母杀是鹅也，与之食之。其兄自外至，曰：'是鶃鶃之肉也。'出而哇之。

"以母则不食，以妻则食之；以兄之室则弗居，以於陵则居之。是尚为能充其类也乎？若仲子者，蚓而后充其操者也。"（《滕文公》）

孟子曰："仲子，不义与之齐国而弗受，人皆信之，是舍箪食豆羹之义也，人莫大焉。亡亲戚、君臣、上下，以其小者信其大者，奚可哉？"（《尽心》）

孟子曰："杨子取为我，拔一毛而利天下，不为也；墨子兼爱，摩顶放踵利天下，为之。子莫执中。执中为近之，执中无权，犹执一也。所恶执一者，为其贼道也，举一而废百

也。"(《尽心》)

孟子曰:"逃墨必归于杨,逃杨必归于儒。归斯受之而已矣。今之与杨墨辩者,如追放豚,既入其苙,又从而招之。"(《尽心》)

《孟子比谊》卷七终

国家新闻出版广电总局
首届向全国推荐中华优秀传统文化普及图书

大家小书书目

经典常谈	朱自清 著
语言与文化	罗常培 著
习坎庸言校正	罗 庸 著 杜志勇 校注
鸭池十讲（增订本）	罗 庸 著 杜志勇 编订
古代汉语常识	王 力 著
国学概论新编	谭正璧 编著
文言尺牍入门	谭正璧 著
日用交谊尺牍	谭正璧 著
敦煌学概论	姜亮夫 著
训诂简论	陆宗达 著
金石丛话	施蛰存 著
常识	周有光 著 叶 芳 编
文言津逮	张中行 著
中国字典史略	刘叶秋 著

古典目录学浅说	来新夏 著
闲谈写对联	白化文 著
怎样使用标点符号（增订本）	苏培成 著
诗境浅说	俞陛云 著
唐五代词境浅说	俞陛云 著
北宋词境浅说	俞陛云 著
南宋词境浅说	俞陛云 著
人间词话新注	王国维 著 滕咸惠 校注
苏辛词说	顾 随 著 陈 均 校
诗论	朱光潜 著
唐诗杂论	闻一多 著
诗词格律概要	王 力 著
唐宋词欣赏	夏承焘 著
槐屋古诗说	俞平伯 著
词学十讲	龙榆生 著
词曲概论	龙榆生 著
中国古典诗歌讲稿	浦江清 著
	浦汉明 彭书麟 整理

唐人绝句启蒙	李霁野 著	
唐宋词启蒙	李霁野 著	
古典文学略述	王季思 著	王兆凯 编
古典戏曲略说	王季思 著	王兆凯 编
唐宋词概说	吴世昌 著	
宋词赏析	沈祖棻 著	
道教徒的诗人李白及其痛苦	李长之 著	
闲坐说诗经	金性尧 著	
陶渊明批评	萧望卿 著	
舒芜说诗	舒芜 著	
名篇词例选说	叶嘉莹 著	
唐诗纵横谈	周勋初 著	
楚辞讲座	汤炳正 著	
	汤序波 汤文瑞 整理	
好诗不厌百回读	袁行霈 著	
山水有清音		
——古代山水田园诗鉴要	葛晓音 著	

门外文谈	鲁迅 著	
我的杂学	周作人 著	张丽华 编
论雅俗共赏	朱自清 著	
文学概论讲义	老舍 著	
中国文学史导论	罗庸 著	杜志勇 辑校
给少男少女	李霁野 著	
鲁迅批判	李长之 著	
英美现代诗谈	王佐良 著	董伯韬 编
三国谈心录	金性尧 著	
夜阑话韩柳	金性尧 著	
英语学习	李赋宁 著	
漫谈西方文学	李赋宁 著	
历代笔记概述	刘叶秋 著	
笔祸史谈丛	黄裳 著	
古典诗文述略	吴小如 著	
有琴一张	资中筠 著	
鲁迅作品细读	钱理群 著	
唐宋八大家 ——古代散文的典范	葛晓音 选译	

红楼梦考证	胡 适 著	
《水浒传》与中国社会	萨孟武 著	
《西游记》与中国古代政治	萨孟武 著	
《红楼梦》与中国旧家庭	萨孟武 著	
《金瓶梅》人物	孟 超 著	张光宇 绘
水泊梁山英雄谱	孟 超 著	张光宇 绘
《红楼梦》探源	吴世昌 著	
《西游记》漫话	林 庚 著	
细说红楼	周绍良 著	
红楼小讲	周汝昌 著	周伦玲 整理
曹雪芹的故事	周汝昌 著	周伦玲 整理
古典小说漫稿	吴小如 著	
三生石上旧精魂 ——中国古代小说与宗教	白化文 著	
《金瓶梅》十二讲	宁宗一 著	
古体小说论要	程毅中 著	
近体小说论要	程毅中 著	
文学的阅读	洪子诚 著	
中国戏曲	么书仪 著	

中国史学入门	顾颉刚 著	何启君 整理
秦汉的方士与儒生	顾颉刚 著	
三国史话	吕思勉 著	
史学要论	李大钊 著	
中国近代史	蒋廷黻 著	
民族与古代中国史	傅斯年 著	
五谷史话	万国鼎 著	徐定懿 编
民族文话	郑振铎 著	
史料与史学	翦伯赞 著	
唐代社会概略	黄现璠 著	
清史简述	郑天挺 著	
两汉社会生活概述	谢国桢 著	
中国文化与中国的兵	雷海宗 著	
两宋史纲	张荫麟 著	
明史简述	吴晗 著	
北宋政治改革家王安石	邓广铭 著	
从紫禁城到故宫 ——营建、艺术、史事	单士元 著	
史学遗产六讲	白寿彝 著	

司马迁之人格与风格	李长之	著
司马迁	季镇淮	著
唐王朝的崛起与兴盛	汪篯	著
二千年间	胡绳	著
论三国人物	方诗铭	著
考古发现与中西文化交流	宿白	著
中国古代国家的历史特征	张传玺	著
艺术、神话与祭祀	张光直 著 刘静 乌鲁木加甫	译
中国古代衣食住行	许嘉璐	著
中国古代史学十讲	瞿林东	著
黄宾虹论画	黄宾虹	著
中国绘画史	陈师曾	著
和青年朋友谈书法	沈尹默	著
中国画法研究	吕凤子	著
桥梁史话	茅以升	著
中国戏剧史讲座	周贻白	著
俞平伯说昆曲	俞平伯 著 陈均	编

新建筑与流派	童寯 著	
论园	童寯 著	
拙匠随笔	梁思成 著	林洙 编
中国建筑艺术	梁思成 著	林洙 编
沈从文讲文物	沈从文 著	王风 编
中国画的艺术	徐悲鸿 著	马小起 编
中国绘画史纲	傅抱石 著	
中国舞蹈史话	常任侠 著	
海上丝路与文化交流	常任侠 著	
世界美术名作二十讲	傅雷 著	
中国画论体系及其批评	李长之 著	
金石书画漫谈	启功 著	赵仁珪 编
吞山怀谷 ——中国山水园林的艺术	汪菊渊 著	
中国古代音乐与舞蹈	阴法鲁 著	刘玉才 编
梓翁说园	陈从周 著	
旧戏新谈	黄裳 著	
民间年画十五讲	王树村 著	姜彦文 编
民间美术与民俗	王树村 著	姜彦文 编

长城史话	罗哲文 著
中国古园林概说	罗哲文 著
现代建筑奠基人	罗小未 著
世界桥梁趣谈	唐寰澄 著
如何欣赏一座桥	唐寰澄 著
桥梁的故事	唐寰澄 著
园林的意境	周维权 著
万方安和 ——皇家园林的故事	周维权 著
现代建筑的故事	吴焕加 著
中国古代建筑概说	傅熹年 著

国学救亡讲演录	章太炎 著 蒙木 编
简易哲学纲要	蔡元培 著
大学教育	蔡元培 著 北大元培学院 编
老子、孔子、墨子及其学派	梁启超 著
中国政治思想史	吕思勉 著
天道与人文	竺可桢 著 施爱东 编

春秋战国思想史话	嵇文甫 著	
晚明思想史论	嵇文甫 著	
新人生论	冯友兰 著	
中国哲学与未来世界哲学	冯友兰 著	
谈美书简	朱光潜 著	
中国古代心理学思想	潘菽 著	
民俗与迷信	江绍原 著	陈泳超 整理
佛教基本知识	周叔迦 著	
儒学述要	罗庸 著	杜志勇 整理
希腊漫话	罗念生 著	
佛教常识答问	赵朴初 著	
大一统与儒家思想	杨向奎 著	
孔子的故事	李长之 著	
西洋哲学史	李长之 著	
乡土中国	费孝通 著	
社会调查自白	费孝通 著	
经学常谈	屈守元 著	
墨子与墨家	任继愈 著	
汉化佛教与佛寺	白化文 著	
中西之交	陈乐民 著	

出版说明

"大家小书"多是一代大家的经典著作,在还属于手抄的著述年代里,每个字都是经过作者精琢细磨之后所拣选的。为尊重作者写作习惯和遣词风格、尊重语言文字自身发展流变的规律,为读者提供一个可靠的版本,"大家小书"对于已经经典化的作品不进行现代汉语的规范化处理。

提请读者特别注意。

北京出版社